# 수능 감[感] 잡기

## 수학영역
# 확률과 통계

KB190395

# 정시 확대! 수능 개편!
## 완벽한 수능 적응을 위한
# EBS 수능 입문 시리즈

## 수능 감(感) 잡기
동일한 소재 · 유형을
내신형과 수능형 문항으로 한번에!
내신을 넘어 수능의 감을 잡는 입문서

국어, 수학 I, 수학 II, 확률과 통계, 미적분, 영어

## 뉴수능 스타트
한국교육과정평가원
개편 수능 예시문항 최초 분석
NEW 수능을 위한 가장 확실한 매뉴얼

국어, 수학 I, 수학 II, 확률과 통계, 미적분, 기하, 영어

## 수능특강 Light
수능특강과 동일한 체제로
본격 연계교재 학습 전 가볍게!
수능 연계 대비 No.1 학습서

국어, 영어 독해, 영어 듣기

# 수능 감[感] 잡기

수학영역
## 확률과 통계

EBS 수능 감 잡기 확률과 통계 **차례**

# CONTENTS

EBS 수능 감 잡기 확률과 통계 **구성과 활용법**

# STRUCTURE

**내신 유형**   중간, 기말 고사에 출제될 문항을 선별하여 수록하였다.

**개념必잡기**   유형에 따른 필수적인 핵심 내용을 중심으로 필요한 정의, 공식 등을 정리하였다.

**수능 유형**   내신 유형과 동일한 소재의 수능 유형의 문항을 제시하여 수능의 感을 맛볼 수 있도록 구성하였다.

**수능感잡기**   수능 유형에 대한 감각을 익힐 수 있도록 '문제 분석 ➡ 유형 주제와 연계된 이전 학년의 단원 개념을 도식화하여 정리 ➡ +α개념 ➡ 풀이 해결 전략 ➡ 수능感쌤의 수능 대비 한 마디!!'의 단계로 구성하였다.

- **문제 분석**  수능 유형 문제를 접근하는 방법, 실마리 등을 제시하였다.
- **+α개념**  이전 학년, 단원에서 배운 개념, 공식, 원리 등을 정리하여 바로 확인하고 익힐 수 있도록 하였다.
- **풀이 해결 전략**  문제를 해결하는 사고 방법을 단계별로 제시하여 수능 유형 문제에 대한 완벽한 이해 및 아이디어를 제공하였다.

**수능感 쌤의 수능 대비 한 마디!!**   수능 유형의 문제에 대해 핵심적으로 알아야 할 내용과 준비해야 할 내용을 짚어주고 필수적으로 수능 대비에 필요한 것들을 제시하였다.

**수능 유형 체크**   수능 유형과 유사한 내용의 문제를 제시하여 수능의 感을 익힐 수 있도록 하였다.

**수능의 감을 쑥쑥 키워주는 수능 유제**   수능 유형의 일반화된 문제를 다시 한번 정리할 수 있도록 3점 문항 수준의 수능 유형의 문항을 선별하여 수록하였다.

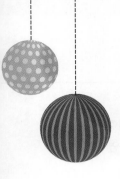

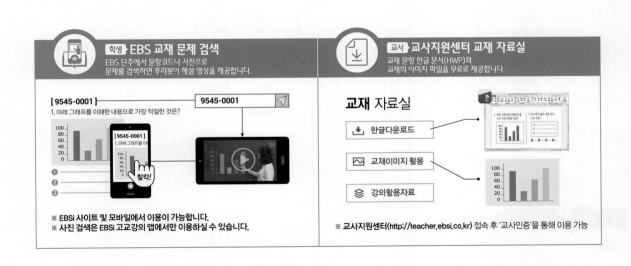

## 학생 EBS 교재 문제 검색

EBS 단추에서 문항코드나 사진으로
문제를 검색하면 푸리봇이 해설 영상을 제공합니다.

[ 9545-0001 ]

9545-0001

1. 아래 그래프를 이해한 내용으로 가장 적절한 것은?

[9545-0001]
1. 아래 그래프를 이해

찰칵!

①
②
③

※ EBSi 사이트 및 모바일에서 이용이 가능합니다.
※ 사진 검색은 EBSi 고교강의 앱에서만 이용하실 수 있습니다.

## 교사 교사지원센터 교재 자료실

교재 문항 한글 문서(HWP)와
교재의 이미지 파일을 무료로 제공합니다.

### 교재 자료실

📥 한글다운로드

🖼 교재이미지 활용

📚 강의활용자료

※ 교사지원센터(http://teacher.ebsi.co.kr) 접속 후 '교사인증'을 통해 이용 가능

# 01 원순열과 중복순열

$A$, $B$를 포함한 5명이 원형의 탁자에 둘러앉을 때, $A$와 $B$가 이웃하여 앉는 경우의 수는? (단, 회전하여 일치하는 것은 같은 것으로 본다.)

① 6 ② 9 ③ 12
④ 15 ⑤ 18

**풀이**

$A$와 $B$를 한 명이라고 생각하면
4명이 원형의 탁자에 둘러앉는 경우의 수는
$(4-1)!=3!=6$
$A$와 $B$가 자리를 바꿔 앉는 경우의 수는
$2!=2$
따라서 구하는 경우의 수는
$6\times 2=12$

**답** ③

## 개념 必 잡기

• **원순열**
서로 다른 $n$개의 원소를 원형으로 배열하는 것을 원순열이라 하며, 이 원순열의 수는
$$\frac{n!}{n}=(n-1)!$$

• **중복순열**
서로 다른 $n$개에서 중복을 허락하여 $r$개를 택하여 일렬로 나열하는 것을 $n$개에서 $r$개를 택하는 중복순열이라 하며, 이 중복순열의 수는
$$_n\Pi_r=\underbrace{n\times n\times\cdots\times n}_{r개}=n^r$$

---

숫자 1, 2, 3에서 중복을 허락하여 6개를 택하여 6자리 자연수를 만들 때, 숫자 1의 개수가 홀수인 자연수의 개수는?

① 304 ② 324 ③ 344
④ 364 ⑤ 384

## 수능 感 잡기

**문제 분석**

숫자 1의 개수에 따라 경우를 나누고, 조합과 중복순열을 이용하여 경우의 수를 구하는 문제이다.

**+α 개념**

[확률과 통계]
중복순열 **+** [수학]
조합

• **[수학] 조합**
서로 다른 $n$개에서 순서에 상관없이 $r$개를 택하는 조합의 수는
$$_nC_r=\frac{_nP_r}{r!}=\frac{n!}{r!(n-r)!} \text{ (단, } 0\leq r\leq n)$$

**풀이**

**해결전략 ①  숫자 1의 개수 정하기**
6자리 자연수에서 숫자 1의 개수가 홀수이므로
숫자 1의 개수는 1 또는 3 또는 5이다.

**해결전략 ②  경우를 나누어 6자리 자연수의 개수 구하기**
(i) 숫자 1의 개수가 1인 경우
숫자 1의 자리를 정하는 경우의 수는
$_6C_1=6$

나머지 자리에 2와 3을 중복을 허락하여 나열하는 경우의 수는

$_2\Pi_5=2^5=32$

따라서 숫자 1의 개수가 1인 경우의 수는

$6\times32=192$

(ii) 숫자 1의 개수가 3인 경우

숫자 1의 자리를 정하는 경우의 수는 $_6C_3=20$

나머지 자리에 2와 3을 중복을 허락하여 나열하는 경우의 수는

$_2\Pi_3=2^3=8$

따라서 숫자 1의 개수가 3인 경우의 수는

$20\times8=160$

(iii) 숫자 1의 개수가 5인 경우

숫자 1의 자리를 정하는 경우의 수는

$_6C_5=_6C_1=6$

나머지 자리에 2와 3을 중복을 허락하여 나열하는 경우의 수는

$_2\Pi_1=2^1=2$

따라서 숫자 1의 개수가 5인 경우의 수는

$6\times2=12$

따라서 (i), (ii), (iii)에서 구하는 경우의 수는

$192+160+12=364$

 ④

**수능感 쌤의** **수능 대비 한 마디!!!**
수학에서 배운 순열과 조합을 정확하게 알고 있어야 여러 가지 순열과 조합을 쉽게 이해할 수 있습니다.

## 수능유형 체크

○ 9545-0001

다음 조건을 만족시키는 7 이하의 자연수 $x$, $y$, $z$의 모든 순서쌍 $(x, y, z)$의 개수를 구하시오.

(가) $x^2+y^2+z^2+2xy+2yz+2zx$는 짝수이다.

(나) $xy$는 홀수이다.

**문항 속 개념**

| [확률과 통계] 중복순열 | + | [수학] 인수분해 곱셈 공식 |
| --- | --- | --- |

## 01-1

◑ 9545-0002

2 이상의 자연수 $n$에 대하여

$$_n\Pi_3 = {}_nP_2 + 21 \times {}_nP_1$$

이 성립할 때, $n$의 값은?

① 3      ② 4      ③ 5

④ 6      ⑤ 7

## 01-2

◑ 9545-0003

그림과 같이 원을 6등분하여 만들어진 6개의 영역에 서로 다른 6가지 색을 모두 사용하여 칠하려고 한다. 한 영역에 한 가지 색만 칠할 때, 색을 칠하는 경우의 수는? (단, 회전하여 일치하는 것은 같은 것으로 본다.)

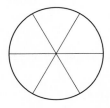

① 110      ② 120      ③ 130

④ 140      ⑤ 150

# 01-3

▶ 9545-0004

두 집합 $X=\{1, 2, 3, 4, 5\}$, $Y=\{6, 7, 8\}$에 대하여 함수 $f : X \longrightarrow Y$ 중에서 $Y=\{f(x)\,|\,x \in X\}$를 만족시키는 함수 $f$의 개수를 구하시오.

# 01-4

▶ 9545-0005

정육면체의 각 면에 빨간색과 파란색을 포함한 서로 다른 6가지 색으로 한 면에 한 가지 색을 칠하려고 한다. 빨간색을 칠한 면과 파란색을 칠한 면이 이웃하도록 칠하는 경우의 수를 $m$, 빨간색을 칠한 면과 파란색을 칠한 면이 마주 보도록 칠하는 경우의 수를 $n$이라 할 때, $m+n$의 값을 구하시오.

(단, 회전하여 일치하는 경우는 같은 것으로 본다.)

# 02 같은 것이 있는 순열

내신 유형

6개의 문자 B, A, N, A, N, A를 일렬로 나열하여 만들 수 있는 서로 다른 문자열의 개수는?

① 56      ② 60      ③ 64

④ 68      ⑤ 72

**풀이**

B가 1개, A가 3개, N이 2개이므로
구하는 문자열의 개수는

$$\frac{6!}{3! \times 2! \times 1!} = 60$$

**답** ②

수능 유형

그림과 같이 좌표평면 위에 한 변의 길이가 1인 정사각형 16개를 붙여 놓았다. 점 P가 원점 O를 출발하여 정사각형의 변과 꼭짓점을 지나 점 A(4, 4)로 최단거리로 가려고 한다. 좌표평면에서 원 $(x-1)^2 + (y-3)^2 = 1$ 위의 점을 지나지 않고 이동하는 경우의 수는?

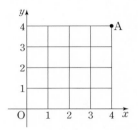

① 20      ② 22      ③ 24

④ 26      ⑤ 28

수능 感 잡기

**문제 분석**

원의 방정식을 이해하고 같은 것이 있는 순열의 수를 이용하여 최단거리로 이동하는 경우의 수를 구하는 문제이다.

**+α 개념**

- **[수학] 원의 방정식**
  (1) 중심의 좌표가 $(a, b)$이고, 반지름의 길이가 $r$인 원의 방정식은
  $$(x-a)^2 + (y-b)^2 = r^2$$
  (2) 중심이 원점이고, 반지름의 길이가 $r$인 원의 방정식은
  $$x^2 + y^2 = r^2$$

개념 必 잡기

- **같은 것이 있는 순열**

  $n$개 중에서 같은 것이 각각 $p$개, $q$개, $\cdots$, $r$개 있을 때, 이 $n$개를 모두 일렬로 나열하는 순열의 수는

  $$\frac{n!}{p! \, q! \cdots r!} \ (\text{단, } p+q+\cdots+r=n)$$

**풀이**

### 해결전략 ❶ 원 위의 점 찾기

원 $(x-1)^2+(y-3)^2=1$은 중심이 $(1, 3)$이고 반지름의 길이가 1인 원이므로 좌표가 $(0, 3)$, $(1, 2)$, $(1, 4)$, $(2, 3)$인 점을 지날 수 없다.

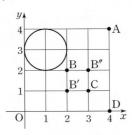

### 해결전략 ❷ 지점을 나누고 같은 것이 있는 순열의 수를 이용하여 각 경우의 수를 구한 후 합의 법칙을 이용하여 경우의 수 구하기

(ⅰ) 점 $B(2, 2)$를 지나는 경우

원점 $O$에서 점 $B'(2, 1)$을 지나 점 $B$로 간 후 점 $B''(3, 2)$를 지나 점 $A$로 가는 경우이므로 경우의 수는

$$\frac{3!}{2!1!}\times1\times1\times\frac{3!}{2!1!}=9$$

(ⅱ) 점 $C(3, 1)$을 지나는 경우

원점 $O$에서 점 $C$를 지나 점 $A$로 가는 경우이므로 경우의 수는

$$\frac{4!}{3!1!}\times\frac{4!}{3!1!}=16$$

(ⅲ) 점 $D(4, 0)$을 지나는 경우

원점 $O$에서 점 $D$를 지나 점 $A$로 가는 경우이므로 경우의 수는 1

따라서 (ⅰ), (ⅱ), (ⅲ)에서 구하는 경우의 수는 합의 법칙에 의하여

$9+16+1=26$

**답** ④

**수능感 쌤의 수능 대비 한 마디!!**

같은 것이 있는 순열의 수는 최단거리로 이동하는 경우의 수를 구하는 문제에 자주 출제되고 있습니다. 다양한 상황의 문제를 연습해야 합니다.

---

## 수능 유형 체크

● 9545-0006

문자 A, A, A, B, C, D, E, F가 하나씩 적힌 8장의 카드가 있다. 8장의 카드에서 5장를 뽑아 일렬로 나열하여 문자열을 만들 때, 서로 다른 문자열의 개수는?

① 1440      ② 1460      ③ 1480

④ 1500      ⑤ 1520

**문항 속 개념**

[확률과 통계]
같은 것이 있는 순열

$+$

[수학]
조합

# 02-1

9545-0007

그림과 같이 마름모 모양으로 연결된 도로망이 있다. 이 도로망을 따라 A 지점에서 출발하여 B 지점까지 최단거리로 가는 경우의 수는?

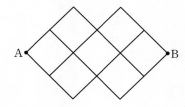

① 16　　　② 17　　　③ 18
④ 19　　　⑤ 20

# 02-2

9545-0008

숫자 1, 2, 3, 3, 4, 4를 모두 사용하여 만들 수 있는 서로 다른 6자리 자연수의 개수를 구하시오.

# 02-3

9545-0009

집합 $X = \{1, 2, 3, 4, 5\}$에 대하여 다음 조건을 만족시키는 함수 $f : X \longrightarrow X$의 개수는?

$$f(1) \times f(2) \times f(3) \times f(4) \times f(5) = 4$$

① 11  ② 12  ③ 13
④ 14  ⑤ 15

# 02-4

9545-0010

문자 A, B, C, X, X, Y, Y가 하나씩 적힌 7장의 카드를 모두 일렬로 나열한다. 문자 A, B, C가 적힌 카드가 왼쪽부터 A, B, C의 순서로 나열되는 경우의 수는?

① 190  ② 195  ③ 200
④ 205  ⑤ 210

# 03 중복조합

같은 종류의 공 4개를 서로 다른 5개의 상자에 모두 나누어 넣는 경우의 수는?

① 62      ② 64      ③ 66

④ 68      ⑤ 70

**풀이**

서로 다른 5개의 상자에 들어가는 공의 개수를 각각 $a$, $b$, $c$, $d$, $e$라 하면

$a+b+c+d+e=4$ ($a$, $b$, $c$, $d$, $e$는 음이 아닌 정수)

방정식 $a+b+c+d+e=4$를 만족시키는 음이 아닌 정수 $a$, $b$, $c$, $d$, $e$의 모든 순서쌍 $(a, b, c, d, e)$의 개수는 서로 다른 5개에서 중복을 허락하여 4개를 택하는 중복조합의 수와 같다.

따라서 구하는 경우의 수는

$_5\mathrm{H}_4 = {}_{5+4-1}\mathrm{C}_4 = {}_8\mathrm{C}_4 = 70$

**답 ⑤**

## 개념 必 잡기

• **중복조합의 수**

서로 다른 $n$개에서 중복을 허락하여 $r$개를 택하는 중복조합의 수는

$$_n\mathrm{H}_r = {}_{n+r-1}\mathrm{C}_r$$

---

집합 $X=\{1, 2, 3, 4, 5, 6\}$에 대하여 다음 조건을 만족시키는 함수 $f : X \longrightarrow X$의 개수를 구하시오.

(가) $f(4)$의 값은 3의 배수이다.

(나) 집합 $A=\{1, 2, 3, 4\}$의 임의의 두 원소 $i$, $j$에 대하여 $i<j$이면 $f(i) \leq f(j)$이다.

(다) 집합 $B=\{4, 5, 6\}$의 임의의 두 원소 $i$, $j$에 대하여 $i<j$이면 $f(i)>f(j)$이다.

## 수능 感 잡기

**문제 분석**

중복조합의 정의를 이용하여 주어진 조건을 만족시키는 함수의 개수를 구하는 문제이다.

**+α 개념**

• **[수학] 함수의 뜻과 함숫값**

(1) 두 집합 $X$, $Y$에 대하여 $X$의 각 원소에 $Y$의 원소가 오직 하나씩 대응할 때, 이 대응을 $X$에서 $Y$로의 함수라 하고, 이것을 기호로 $f : X \longrightarrow Y$와 같이 나타낸다.

(2) 함수 $f(x)$에서 $x=a$를 대입하여 얻은 값, 즉 $f(a)$를 $x=a$에 대한 함숫값이라 한다.

**풀이**

**해결전략 ❶ $f(4)$의 값이 될 수 있는 경우 분류하기**

조건 (가)에서 $f(4)$의 값은 3의 배수이므로

$f(4)=3$ 또는 $f(4)=6$

**해결전략 ❷ $f(4)=3$일 때, 함수 $f$의 개수 구하기**

(i) $f(4)=3$일 때

조건 (나)에서 $f(1)$, $f(2)$, $f(3)$, $f(4)$의 값은 부등식

$1 \leq f(1) \leq f(2) \leq f(3) \leq f(4)=3$

을 만족시켜야 한다.

이때 조건을 만족시키려면 3개의 자연수 1, 2, 3 중에서 중복을 허락하여 3개를 택한 후 작은 수부터 차례대로 $f(1)$, $f(2)$, $f(3)$의 값으로 정하면 된다.

즉, 그 경우의 수는

$$_3H_3=_{3+3-1}C_3=_5C_3=_5C_2=10$$

조건 (다)에서 $f(5)$, $f(6)$의 값은 부등식

$$3=f(4)>f(5)>f(6)\geq1$$

을 만족시켜야 한다. 즉,

$$f(5)=2,\ f(6)=1$$

그러므로 함수 $f$의 개수는

$$10\times1=10$$

**해결전략 ❸** $f(4)=6$일 때, 함수 $f$의 개수 구하기

(ii) $f(4)=6$일 때

조건 (나)에서 $f(1)$, $f(2)$, $f(3)$, $f(4)$의 값은 부등식

$$1\leq f(1)\leq f(2)\leq f(3)\leq f(4)=6$$

을 만족시켜야 한다.

이때 조건을 만족시키려면 6개의 자연수 1, 2, 3, 4, 5, 6 중에서 중복을 허락하여 3개를 택한 후 작은 수부터 차례대로 $f(1)$, $f(2)$, $f(3)$의 값으로 정하면 된다.

즉, 그 경우의 수는

$$_6H_3=_{6+3-1}C_3=_8C_3=56$$

조건 (다)에서 $f(5)$, $f(6)$의 값은 부등식

$$6=f(4)>f(5)>f(6)\geq1$$

을 만족시켜야 한다.

이때 조건을 만족시키려면 5개의 자연수 1, 2, 3, 4, 5 중에서 서로 다른 2개를 택한 후 큰 수부터 차례대로 $f(5)$, $f(6)$의 값으로 정하면 된다.

즉, 그 경우의 수는

$$_5C_2=10$$

그러므로 함수 $f$의 개수는

$$56\times10=560$$

따라서 (i), (ii)에서 조건을 만족시키는 함수 $f$의 개수는

$$10+560=570$$

📄 **답** 570

**수능感 쌤의** **수능 대비 한 마디!!**

조합과 관련지어 중복조합의 의미를 정확하게 이해하고 있어야 합니다.

---

**수능 유형 체크** ◐ 9545-0011

좌표평면 위의 한 직선 위에 있지 않은 서로 다른 세 점 A, B, C의 $x$좌표 $x_1$, $x_2$, $x_3$이 다음 조건을 만족시킨다.

> (가) 세 수 $x_1$, $x_2$, $x_3$은 음이 아닌 정수이다.
> (나) 삼각형 ABC의 무게중심의 $x$좌표는 $\dfrac{10}{3}$이다.

세 수 $x_1$, $x_2$, $x_3$의 모든 순서쌍 $(x_1,\ x_2,\ x_3)$의 개수는?

① 63  ② 64  ③ 65

④ 66  ⑤ 67

**문항 속 개념** ┄┄┄┄┄┄┄┄┄┄┄┄┄

[확률과 통계] 중복조합 **+** [수학] 내분점과 외분점

## 03-1

9545-0012

$(x+y+z)^6$의 전개식에서 서로 다른 항의 개수는?

① 26　　　② 27　　　③ 28

④ 29　　　⑤ 30

## 03-2

9545-0013

3 이상의 자연수 $n$에 대하여 부등식 $x+y+z\leq n$을 만족시키는 자연수 $x$, $y$, $z$의 모든 순서쌍 $(x, y, z)$의 개수를 $f(n)$이라 하자. $f(5)+f(6)+f(7)$의 값은?

① 50　　　② 55　　　③ 60

④ 65　　　⑤ 70

# 03-3

⊙ 9545-0014

같은 종류의 검은 공 5개와 같은 종류의 흰 공 3개를 서로 다른 세 상자에 모두 나누어 넣으려고 한다. 어느 한 상자에 검은 공 5개가 모두 들어가는 경우가 없도록 나누어 넣는 경우의 수는?

(단, 비어 있는 상자가 있을 수 있다.)

① 170 　　　② 175 　　　③ 180

④ 185 　　　⑤ 190

# 03-4

⊙ 9545-0015

같은 종류의 연필 6자루와 같은 종류의 지우개 5개를 3명의 학생에게 남김없이 나누어 줄 때, 연필을 받지 못한 학생에게는 반드시 지우개를 1개 이상 나누어 주는 경우의 수를 구하시오.

# 04 이항정리

내신 유형

$\left(2x^2+\dfrac{1}{x^2}\right)^6$의 전개식에서 $x^4$의 계수를 구하시오.

**풀이**

$\left(2x^2+\dfrac{1}{x^2}\right)^6$을 전개하면 각 항은

$_6C_0\times(2x^2)^6$, $_6C_r\times(2x^2)^{6-r}\times\left(\dfrac{1}{x^2}\right)^r$, $_6C_6\left(\dfrac{1}{x^2}\right)^6$

$(r=1,\ 2,\ 3,\ 4,\ 5)$

이때, $_6C_r\times(2x^2)^{6-r}\times\left(\dfrac{1}{x^2}\right)^r=_6C_r\times2^{6-r}\times\dfrac{x^{12-2r}}{x^{2r}}$이고,

$x^4$의 계수는 $\dfrac{x^{12-2r}}{x^{2r}}=x^4$일 때의 계수이므로

$x^{12-2r}=x^{2r+4}$에서 $r=2$

따라서 구하는 $x^4$의 계수는

$_6C_2\times2^4=15\times16$

$\qquad\qquad=240$

**답** 240

개념 必 잡기

• 이항정리

(1) $(a+b)^n=_nC_0a^n+_nC_1a^{n-1}b^1+_nC_2a^{n-2}b^2+\cdots+_nC_nb^n$

(2) $_nC_r=_nC_{n-r}$

$_nC_r=_{n-1}C_{r-1}+_{n-1}C_r$

(3) $_nC_0+_nC_1+_nC_2+\cdots+_nC_n=2^n$

$_nC_0-_nC_1+_nC_2-\cdots+_nC_n(-1)^n=0$

$_nC_0+_nC_2+_nC_4+\cdots=_nC_1+_nC_3+_nC_5+\cdots$

$\qquad\qquad\qquad\qquad\qquad=2^{n-1}$

수능 유형

20 이하의 자연수 $n$에 대하여

$$f(n)=_{21}C_n\left(\dfrac{1}{3}\right)^n\left(\dfrac{2}{3}\right)^{21-n}$$

일 때, $f(1)+f(3)+f(5)+\cdots+f(19)=\dfrac{1-p}{2}$ 이다.

양수 $p$의 값은?

① $\left(\dfrac{1}{3}\right)^{20}$ ② $\left(\dfrac{1}{3}\right)^{19}$ ③ $\left(\dfrac{1}{3}\right)^{18}$

④ $\left(\dfrac{1}{3}\right)^{17}$ ⑤ $\left(\dfrac{1}{3}\right)^{16}$

수능 感 잡기

**문제 분석**

이항정리를 이용하여 이항계수의 성질을 이해하고 정리하여 식의 값을 구하는 문제이다.

**+α 개념**

[확률과 통계] 이항계수의 성질 **+** [확률과 통계] 이항정리

• [확률과 통계] 이항정리

$(a+b)^n=_nC_0a^n+_nC_1a^{n-1}b^1+_nC_2a^{n-2}b^2+\cdots+_nC_nb^n$

**풀이**

**해결전략 ❶ 이항정리에 두 값을 대입하여 정리하기**

$(a+b)^n=_nC_0a^n+_nC_1a^{n-1}b^1+_nC_2a^{n-2}b^2+\cdots+_nC_nb^n$

에 $a=\dfrac{1}{3}$, $b=\dfrac{2}{3}$를 대입하면

$\left(\dfrac{1}{3}+\dfrac{2}{3}\right)^{21}=_{21}C_0\left(\dfrac{2}{3}\right)^{21}+_{21}C_1\left(\dfrac{1}{3}\right)^1\left(\dfrac{2}{3}\right)^{20}$

$\qquad\qquad+\cdots+_{21}C_{20}\left(\dfrac{1}{3}\right)^{20}\left(\dfrac{2}{3}\right)^1+_{21}C_{21}\left(\dfrac{1}{3}\right)^{21}$ ⋯⋯ ㉠

$$(a+b)^n = {}_nC_0 a^n + {}_nC_1 a^{n-1}b^1 + {}_nC_2 a^{n-2}b^2 + \cdots + {}_nC_n b^n$$

에 $a = \dfrac{1}{3}$, $b = -\dfrac{2}{3}$를 대입하면

$$\left(\dfrac{1}{3} - \dfrac{2}{3}\right)^{21} = -{}_{21}C_0\left(\dfrac{2}{3}\right)^{21} + {}_{21}C_1\left(\dfrac{1}{3}\right)^1\left(\dfrac{2}{3}\right)^{20}$$
$$-\cdots - {}_{21}C_{20}\left(\dfrac{1}{3}\right)^{20}\left(\dfrac{2}{3}\right)^1 + {}_{21}C_{21}\left(\dfrac{1}{3}\right)^{21} \cdots\cdots ⓛ$$

**해결전략 ❸ 두 식의 합을 이용하여 주어진 값 구하기**

㉠, ㉡을 변끼리 더하면

$$1 - \left(\dfrac{1}{3}\right)^{21} = 2\left\{{}_{21}C_1\left(\dfrac{1}{3}\right)^1\left(\dfrac{2}{3}\right)^{20} + {}_{21}C_3\left(\dfrac{1}{3}\right)^3\left(\dfrac{2}{3}\right)^{18}\right.$$
$$\left. + \cdots + {}_{21}C_{19}\left(\dfrac{1}{3}\right)^{19}\left(\dfrac{2}{3}\right)^2 + {}_{21}C_{21}\left(\dfrac{1}{3}\right)^{21}\right\}$$

$$\dfrac{1}{2}\left\{1 - \left(\dfrac{1}{3}\right)^{21}\right\} = {}_{21}C_1\left(\dfrac{1}{3}\right)^1\left(\dfrac{2}{3}\right)^{20} + {}_{21}C_3\left(\dfrac{1}{3}\right)^3\left(\dfrac{2}{3}\right)^{18}$$
$$+ \cdots + {}_{21}C_{19}\left(\dfrac{1}{3}\right)^{19}\left(\dfrac{2}{3}\right)^2 + {}_{21}C_{21}\left(\dfrac{1}{3}\right)^{21}$$

따라서

$$f(1) + f(3) + f(5) + \cdots + f(19)$$
$$= {}_{21}C_1\left(\dfrac{1}{3}\right)^1\left(\dfrac{2}{3}\right)^{20} + {}_{21}C_3\left(\dfrac{1}{3}\right)^3\left(\dfrac{2}{3}\right)^{18} + \cdots + {}_{21}C_{19}\left(\dfrac{1}{3}\right)^{19}\left(\dfrac{2}{3}\right)^2$$
$$= \dfrac{1}{2}\left\{1 - \left(\dfrac{1}{3}\right)^{21}\right\} - {}_{21}C_{21}\left(\dfrac{1}{3}\right)^{21}$$
$$= \dfrac{1}{2} - \dfrac{3}{2}\left(\dfrac{1}{3}\right)^{21}$$
$$= \dfrac{1}{2}\left\{1 - \left(\dfrac{1}{3}\right)^{20}\right\}$$

이므로 $p = \left(\dfrac{1}{3}\right)^{20}$

 ①

자연수 $n$에 대하여
$$f(n) = {}_{2n}C_0 + {}_{2n}C_2 + {}_{2n}C_4 + \cdots + {}_{2n}C_{2n}$$
일 때, $f(10) \times f(20) = 2^k$이다. 자연수 $k$의 값을 구하시오.

**문항 속 개념**

[확률과 통계]
이항정리

**+**

[확률과 통계]
이항계수의 성질

**수능感 쌤의 수능 대비 한 마디!!**

수능에서는 계수를 구하는 간단한 문제들이 주로 출제되었지만 증명이나 합답형 문제로 출제될 수도 있습니다. 원리를 이해하지 않고 단순히 공식만 암기해서는 다양한 문제에 대처할 수 없습니다.

## 04-1

9545-0017

다항식 $(a+x^2)^{10}$의 전개식에서 $x^{10}$의 계수가 504가 되도록 하는 상수 $a$에 대하여 $a^{10}$의 값은?

① $2\sqrt{2}$　　　　② $4$　　　　③ $4\sqrt{2}$

④ $8$　　　　⑤ $8\sqrt{2}$

## 04-2

9545-0018

부등식

$$500 \leq {}_n\mathrm{C}_1 + {}_n\mathrm{C}_2 + {}_n\mathrm{C}_3 + \cdots + {}_n\mathrm{C}_{n-1} \leq 1500$$

을 만족시키는 모든 자연수 $n$의 값의 합을 구하시오.

## 04-3

9545-0019

$\left(ax+\dfrac{1}{ax}\right)^5$의 전개식에서 $x$의 계수와 $x^3$의 계수가 서로 같을 때, 양수 $a$의 값은?

① $1$        ② $\sqrt{2}$        ③ $\sqrt{3}$

④ $2$        ⑤ $\sqrt{5}$

## 04-4

9545-0020

$_7C_0+7\times{}_7C_1+7^2\times{}_7C_2+7^3\times{}_7C_3+\cdots+7^7\times{}_7C_7$
$=2^n$

일 때, 자연수 $n$의 값을 구하시오.

# 05 확률

흰 공 2개, 검은 공 3개, 노란 공 4개가 들어 있는 상자가 있다. 이 상자에서 임의로 4개의 공을 동시에 꺼낼 때, 흰 공 1개, 검은 공 1개, 노란 공 2개가 나올 확률은?

① $\dfrac{1}{14}$  ② $\dfrac{1}{7}$  ③ $\dfrac{3}{14}$

④ $\dfrac{2}{7}$  ⑤ $\dfrac{5}{14}$

**풀이**

상자에서 4개의 공을 동시에 꺼내는 경우의 수는

$_9C_4=126$

흰 공 1개, 검은 공 1개, 노란 공 2개를 꺼내는 경우의 수는

$_2C_1 \times {_3}C_1 \times {_4}C_2 = 2 \times 3 \times 6 = 36$

따라서 구하는 확률은

$\dfrac{36}{126}=\dfrac{2}{7}$

답 ④

## 개념 必 잡기

• **수학적 확률**

어떤 시행에서 표본공간 $S$의 근원사건이 같은 정도로 일어난다고 기대될 때, 사건 $A$에 속하는 근원사건의 개수를 $n(A)$라 하면

$$\dfrac{n(A)}{n(S)}=\dfrac{(\text{사건 } A\text{가 일어나는 경우의 수})}{(\text{일어날 수 있는 모든 경우의 수})}$$

를 사건 $A$가 일어날 수학적 확률이라 하고, $P(A)$로 나타낸다.

---

0, 1, 1, 2, 2, 2의 여섯 개의 숫자를 모두 사용하여 만든 6자리의 자연수 중 임의로 한 개를 택할 때, 202211, 201221과 같이 2와 2 사이에 0이 놓일 확률은?

① $\dfrac{1}{5}$  ② $\dfrac{3}{10}$  ③ $\dfrac{2}{5}$

④ $\dfrac{1}{2}$  ⑤ $\dfrac{3}{5}$

## 수능 感 잡기

**문제 분석**

같은 것이 있는 순열의 수를 구하는 방법을 이용하여 여섯 개의 숫자를 임으로 나열하여 자연수를 만들 때, 특정 조건을 만족시키는 확률을 구하는 문제이다.

**+α 개념**

[확률과 통계]
확률

[확률과 통계]
같은 것이
있는 순열

• **[확률과 통계] 같은 것이 있는 순열**

$n$개 중에서 같은 것이 각각 $p$개, $q$개, $\cdots$, $r$개 있을 때, 이 $n$개를 모두 일렬로 나열하는 순열의 수는

$$\dfrac{n!}{p!q!\cdots r!} \ (\text{단, } p+q+\cdots+r=n)$$

## 풀이

### 해결전략 ❶ 여섯 자리 자연수의 개수 구하기

0, 1, 1, 2, 2, 2의 여섯 개의 숫자를 모두 사용하여 만들 수 있는 여섯 자리의 자연수의 개수는 0, 1, 1, 2, 2, 2의 여섯 개의 숫자를 일렬로 배열하는 경우의 수에서 맨 앞에 0이 오는 경우의 수를 뺀 것과 같으므로

$$\frac{6!}{2! \times 3!} - \frac{5!}{2! \times 3!} = 60 - 10 = 50$$

### 해결전략 ❷ 2와 2 사이에 0이 놓이는 경우의 수 구하기

2와 2 사이에 0이 놓이는 경우는 숫자 0, 2, 2, 2를 같은 문자 $x, x, x, x$로 생각하여 배열한 후 두 번째 $x$ 또는 세 번째 $x$에 0을 대입하고 나머지 $x$에 2를 대입하면 된다.

그러므로 1, 1, $x$, $x$, $x$, $x$를 일렬로 배열하는 경우의 수는

$$\frac{6!}{2! \, 4!} = 15$$

### 해결전략 ❸ 확률 구하기

여기서 두 번째 $x$ 또는 세 번째 $x$에 0을 대입하는 경우가 2가지 있으므로 구하는 확률은

$$\frac{15 \times 2}{50} = \frac{3}{5}$$

**답** ⑤

## 다른 풀이

2와 2 사이에 0이 놓이는 경우는 여섯 자리 중 두 자리를 선택하여 1을 대입한 다음 나머지 네 자리에 순서대로

2, 0, 2, 2 또는 2, 2, 0, 2

를 대입하면 되므로 경우의 수는

$${}_6C_2 \times 2 = 15 \times 2 = 30$$

따라서 구하는 확률은

$$\frac{30}{50} = \frac{3}{5}$$

### 수능 感 쌤의 수능 대비 한 마디!!

순열과 조합을 이용하여 여러 가지 사건에 대한 경우의 수를 구해서 확률을 계산하는 문제가 자주 출제되고 있습니다. 여러 가지 경우의 수를 구하는 연습을 충분히 해야 합니다.

---

## 수능유형 체크

⟲ 9545-0021

4명이 탈 수 있는 자동차 A와 5명이 탈 수 있는 자동차 B가 있다. 갑과 을을 포함한 9명이 두 대의 자동차에 임의로 나누어 탈 때, 갑과 을이 다른 자동차에 탈 확률은?

① $\frac{5}{9}$  　② $\frac{11}{18}$  　③ $\frac{2}{3}$

④ $\frac{13}{18}$  　⑤ $\frac{7}{9}$

**문항 속 개념**

[확률과 통계]
확률

+

[수학]
조합

# 05-1

○ 9545-0022

서로 다른 흰 공 6개와 서로 다른 검은 공 4개를 모두 원형으로 배열할 때, 검은 공이 모두 이웃하도록 배열할 확률은?

① $\dfrac{1}{21}$  ② $\dfrac{2}{21}$  ③ $\dfrac{1}{7}$

④ $\dfrac{4}{21}$  ⑤ $\dfrac{5}{21}$

# 05-2

○ 9545-0023

두 집합 $X=\{1, 2, 3, 4\}$, $Y=\{5, 6, 7, 8\}$에 대하여 함수 $f : X \longrightarrow Y$ 중에서 임의로 택한 함수 $f$가
$$f(1)=f(2)<f(3)<f(4)$$
를 만족시킬 확률은?

① $\dfrac{1}{64}$  ② $\dfrac{1}{32}$  ③ $\dfrac{3}{64}$

④ $\dfrac{1}{16}$  ⑤ $\dfrac{5}{64}$

# 05-3

▶ 9545-0024

세 주사위 A, B, C를 동시에 던져서 나온 눈의 수를 각각 $a$, $b$, $c$라 하자. $x$에 대한 이차방정식 $2ax^2+bx+2c=0$이 $\alpha\beta=1$을 만족시키는 두 허근 $\alpha$, $\beta$를 가질 확률은?

① $\dfrac{11}{72}$   ② $\dfrac{1}{6}$   ③ $\dfrac{13}{72}$

④ $\dfrac{7}{36}$   ⑤ $\dfrac{5}{24}$

# 05-4

▶ 9545-0025

정15각형의 꼭짓점 중에서 임의로 서로 다른 두 점을 택하고, 택한 두 점을 지나는 직선을 $l$이라 하자. 직선 $l$이 지나지 않는 정15각형의 꼭짓점 중에서 임의로 서로 다른 두 점을 택하고, 택한 두 점을 지나는 직선을 $m$이라 하자. 직선 $l$과 직선 $m$이 서로 평행할 확률이 $\dfrac{q}{p}$일 때, $p+q$의 값을 구하시오.

(단, $p$와 $q$는 서로소인 자연수이다.)

# 06 확률의 덧셈정리

내신 유형

1부터 9까지의 자연수가 하나씩 적혀 있는 9개의 공이 주머니에 들어 있다. 이 주머니에서 임의로 3개의 공을 동시에 꺼낼 때, 3개의 공에 적혀 있는 수의 합이 짝수일 확률은?

① $\dfrac{11}{21}$  ② $\dfrac{4}{7}$  ③ $\dfrac{13}{21}$

④ $\dfrac{2}{3}$  ⑤ $\dfrac{5}{7}$

**풀이**

9개의 공 중에서 3개의 공을 동시에 꺼내는 경우의 수는

$_9C_3 = 84$

(i) 세 수가 모두 짝수인 경우

짝수 3개를 택하는 경우의 수는

$_4C_3 = 4$

이 경우의 확률은

$\dfrac{4}{84} = \dfrac{1}{21}$

(ii) 짝수 1개, 홀수 2개인 경우

짝수 1개, 홀수 2개를 택하는 경우의 수는

$_4C_1 \times _5C_2 = 4 \times 10 = 40$

이 경우의 확률은

$\dfrac{40}{84} = \dfrac{10}{21}$

따라서 (i), (ii)에서 구하는 확률은 확률의 덧셈정리에 의하여

$\dfrac{1}{21} + \dfrac{10}{21} = \dfrac{11}{21}$

답 ①

**개념 必 잡기**

- 확률의 덧셈정리
  (1) 사건 $A$ 또는 사건 $B$가 일어날 확률은
  $$P(A \cup B) = P(A) + P(B) - P(A \cap B)$$
  (2) 사건 $A$와 사건 $B$가 배반사건일 때, 사건 $A$ 또는 사건 $B$가 일어날 확률은
  $$P(A \cup B) = P(A) + P(B)$$
- 여사건의 확률
  사건 $A$에 대하여 사건 $A$가 일어나지 않을 확률은
  $$P(A^c) = 1 - P(A) \ (단, A^c은 A의 여사건이다.)$$

수능 유형

그림과 같이 1, 2, 3, 4, 5가 하나씩 적혀 있는 다섯 장의 카드가 있다.

이 다섯 장의 카드를 임의로 일렬로 나열하여 다섯 자리의 자연수를 만들 때, 만의 자리의 숫자는 1이 아니고 일의 자리의 숫자는 홀수일 확률은 $\dfrac{q}{p}$이다. $10(p^2 + q^2)$의 값을 구하시오. (단, $p$와 $q$는 서로소인 자연수이다.)

**수능 感 잡기**

**문제 분석**

일의 자리의 숫자에 따라 경우를 나누고, 확률의 덧셈정리를 이용하여 확률을 구하는 문제이다.

**+α 개념**

[확률과 통계]
확률의 덧셈정리
**+**
[수학]
조합

- [수학] 조합
  서로 다른 $n$개에서 순서에 상관없이 $r$개를 택하는 조합의 수는
  $$_nC_r = \dfrac{_nP_r}{r!} = \dfrac{n!}{r!(n-r)!} \ (단, 0 \le r \le n)$$

**풀이**

**해결전략 ①  모든 자연수의 개수 구하기**

5장의 카드로 만들 수 있는 다섯 자리 자연수의 개수는

$5! = 120$

**해결전략 ②  경우를 나누어 확률 구하기**

(ⅰ) 일의 자리의 숫자가 1인 경우

다섯 자리 자연수의 개수는

$1 \times 4! = 1 \times 24 = 24$

이 경우의 확률은 $\dfrac{24}{120} = \dfrac{1}{5}$

(ⅱ) 일의 자리의 숫자가 3이고, 만의 자리의 숫자가 1이 아닌 경우

만의 자리에 올 수 있는 숫자는 2, 4, 5 중 한 가지이므로

다섯 자리 자연수의 개수는

$_3C_1 \times 3! = 3 \times 6 = 18$

이 경우의 확률은 $\dfrac{18}{120} = \dfrac{3}{20}$

(ⅲ) 일의 자리의 숫자가 5이고, 만의 자리의 숫자가 1이 아닌 경우

만의 자리에 올 수 있는 숫자는 2, 3, 4 중 한 가지이므로

다섯 자리 자연수의 개수는

$_3C_1 \times 3! = 3 \times 6 = 18$

이 경우의 확률은 $\dfrac{18}{120} = \dfrac{3}{20}$

**해결전략 ③  확률의 덧셈정리를 이용하여 확률 구하기**

따라서 (ⅰ), (ⅱ), (ⅲ)에서 구하는 확률은

$\dfrac{1}{5} + \dfrac{3}{20} + \dfrac{3}{20} = \dfrac{1}{2}$

즉, $10(p^2 + q^2) = 10 \times (2^2 + 1^2) = 50$

**답** 50

**수능感 쌤의  수능 대비 한 마디!!!**

배반사건이나 여사건의 의미를 이해하고, 여사건의 확률이나 확률의 덧셈정리를 적절히 활용하면 확률을 쉽게 구할 수 있습니다.

**수능 유형 체크**

○ 9545-0026

그림과 같이 주머니 속에 1부터 10까지의 자연수가 하나씩 적혀 있는 10개의 공이 들어 있다. 이 주머니에서 임의로 3개의 공을 동시에 꺼내어 공에 적힌 수가 작은 것부터 일렬로 나열할 때, 두 번째에 놓이는 공에 적힌 수가 4의 배수일 확률은?

① $\dfrac{2}{15}$    ② $\dfrac{1}{5}$    ③ $\dfrac{4}{15}$

④ $\dfrac{1}{3}$    ⑤ $\dfrac{2}{5}$

**문항 속 개념**

[확률과 통계]
확률의
덧셈정리
$+$
[수학]
조합

## 06-1

9545-0027

남학생 4명과 여학생 3명을 일렬로 세울 때, 처음과 끝에 남학생과 여학생이 한 명씩 서게 될 확률은?

① $\dfrac{3}{7}$  ② $\dfrac{1}{2}$  ③ $\dfrac{4}{7}$

④ $\dfrac{9}{14}$  ⑤ $\dfrac{5}{7}$

## 06-2

9545-0028

그림과 같이 숫자 1이 적힌 카드가 1장, 숫자 2가 적힌 카드가 2장, 숫자 3이 적힌 카드가 3장, 숫자 4가 적힌 카드가 4장 있다. 이 10장의 카드 중에서 임의로 두 장의 카드를 동시에 뽑을 때, 두 장의 카드에 적힌 수가 서로 다를 확률은?

| 1 | 2 | 2 | 3 | 3 |
| 3 | 4 | 4 | 4 | 4 |

① $\dfrac{1}{3}$  ② $\dfrac{4}{9}$  ③ $\dfrac{5}{9}$

④ $\dfrac{2}{3}$  ⑤ $\dfrac{7}{9}$

# 06-3

9545-0029

흰 공 5개, 검은 공 3개, 빨간 공 1개가 들어 있는 주머니가 있다. 이 주머니에서 임의로 4개의 공을 동시에 꺼낼 때, 꺼낸 4개의 공의 색이 3가지일 확률은?

① $\dfrac{1}{3}$　　　② $\dfrac{5}{14}$　　　③ $\dfrac{8}{21}$

④ $\dfrac{17}{42}$　　　⑤ $\dfrac{3}{7}$

# 06-4

9545-0030

네 개의 주사위 A, B, C, D를 동시에 던져서 나오는 눈의 수를 각각 $a, b, c, d$라 할 때,
$$(a-b)(b-c)(c-d)=1$$
을 만족시킬 확률은?

① $\dfrac{1}{81}$　　　② $\dfrac{2}{81}$　　　③ $\dfrac{1}{27}$

④ $\dfrac{4}{81}$　　　⑤ $\dfrac{5}{81}$

# 07 조건부확률

한 개의 주사위를 던져서 나오는 눈의 수가 6의 약수일 때, 그 수가 소수일 확률은?

① $\dfrac{1}{6}$  ② $\dfrac{1}{3}$  ③ $\dfrac{1}{2}$

④ $\dfrac{2}{3}$  ⑤ $\dfrac{5}{6}$

**풀이**

주사위의 눈의 수가 6의 약수인 사건을 $A$, 소수인 사건을 $B$라 하면 구하는 확률은

$$P(B|A)=\frac{P(A\cap B)}{P(A)}$$

이다.

6의 약수인 눈의 수는 1, 2, 3, 6이므로

$$P(A)=\frac{4}{6}=\frac{2}{3}$$

또, 6의 약수 중에서 소수인 수는 2, 3이므로

$$P(A\cap B)=\frac{2}{6}=\frac{1}{3}$$

따라서 구하는 확률은

$$P(B|A)=\frac{P(A\cap B)}{P(A)}=\frac{\frac{1}{3}}{\frac{2}{3}}=\frac{1}{2}$$

**답 ③**

## 개념 必 잡기

• **조건부확률**

사건 $A$가 일어났을 때, 사건 $B$가 일어날 확률을 사건 $A$를 조건으로 하는 사건 $B$의 조건부확률이라 한다. 사건 $A$가 일어났을 때의 사건 $B$의 조건부확률은

$$P(B|A)=\frac{P(A\cap B)}{P(A)} \ (\text{단, } P(A)>0)$$

다음 표는 어느 학급에서 테마체험활동을 가기 위해 학급 학생들을 대상으로 텐트야영과 민박 중 어느 쪽을 선호하는지 남녀별로 학생 수를 조사한 것이다. 이 중에서 한 명을 임의로 뽑았을 때 민박을 선호하는 학생이었다면 그 학생이 남학생일 확률은 $\dfrac{4}{7}$이고, 한 명을 임의로 뽑았을 때 여학생이었다면 그 학생이 텐트야영을 선호할 확률은 $\dfrac{5}{8}$이다. 이 학급의 학생 수 $f$와 민박을 선호하는 남학생 수 $a$의 합 $a+f$의 값을 구하시오.

(단위: 명)

| 종류 \ 성별 | 남학생 | 여학생 | 합계 |
|---|---|---|---|
| 텐트야영 | 12 | 10 | 22 |
| 민박 | $a$ | $b$ | $c$ |
| 합계 | $d$ | $e$ | $f$ |

## 수능 感 잡기

**문제 분석**

주어진 조건과 표를 해석하여 조건부확률을 구하는 문제이다.

**+α 개념**

• [수학] 유리식

$$\frac{\frac{A}{B}}{\frac{C}{D}}=\frac{A}{B}\times\frac{D}{C}=\frac{AD}{BC}$$

**풀이**

**해결전략 ❶** $a$와 $b$를 $c$로 표현하기

한 명을 뽑았을 때, 텐트야영을 선호할 학생인 사건을 $A$, 민박을 선호할 학생인 사건을 $B$, 남학생인 사건을 $M$, 여학생인 사건을 $F$라 하자.

한 명을 뽑았을 때, 민박을 선호하는 학생이었다면 그 학생이 남학생일 확률이 $\frac{4}{7}$, 즉 $P(M|B)=\frac{4}{7}$이므로

$P(M \cap B)=\frac{a}{f}$, $P(B)=\frac{c}{f}$에서

$P(M|B)=\dfrac{P(M \cap B)}{P(B)}=\dfrac{\frac{a}{f}}{\frac{c}{f}}=\dfrac{a}{c}=\dfrac{4}{7}$

그러므로

$a=\dfrac{4}{7}c$ ...... ㉠

$b=c-a=\dfrac{3}{7}c$ ...... ㉡

**해결전략 ❷ $e$의 값 구하기**

한 명을 뽑았을 때, 여학생이었다면 그 학생이 텐트야영을 선호할 확률이 $\frac{5}{8}$, 즉 $P(A|F)=\frac{5}{8}$이므로

$P(A \cap F)=\frac{10}{f}$, $P(F)=\frac{e}{f}$에서

$P(A|F)=\dfrac{P(A \cap F)}{P(F)}=\dfrac{\frac{10}{f}}{\frac{e}{f}}=\dfrac{10}{e}=\dfrac{5}{8}$

그러므로

$e=16$

**해결전략 ❸ $b$, $a$, $f$의 값 구하기**

주어진 표에서 $10+b=e$이므로

$10+b=16$에서 $b=6$

㉡에서 $6=\dfrac{3}{7}c$이므로 $c=14$

㉠에서 $a=8$

한편, $f=22+c=22+14=36$

따라서 $a+f=8+36=44$

**답** 44

## 수능 유형 체크

◉ 9545-0031

다음 표와 같이 상자 속에 흰 공, 검은 공, 빨간 공이 모두 12개가 있는데 빨간 공의 개수만 알려져 있다.

(단위: 개)

| 흰 공 | 검은 공 | 빨간 공 | 합계 |
|---|---|---|---|
|  |  | 2 | 12 |

이 상자에서 임의로 동시에 꺼낸 2개의 공이 흰 공 또는 검은 공의 같은 색의 공이었을 때, 그것이 흰 공일 확률이 $\frac{5}{7}$이다. 흰 공의 개수를 구하시오.

(단, 흰 공과 검은 공의 개수는 모두 2 이상이다.)

**문항 속 개념** ┄┄┄┄┄┄┄┄┄┄┄┄┄┄┄┄┄┄┄┄┄

[확률과 통계]
조건부확률

＋

[수학]
유리식

## 07-1

● 9545-0032

두 사건 $A$, $B$에 대하여 $\mathrm{P}(A)=\dfrac{1}{2}$, $\mathrm{P}(B)=\dfrac{1}{5}$, $\mathrm{P}(A^c\cap B^c)=\dfrac{2}{5}$일 때, $\mathrm{P}(B|A)$의 값은?

① $\dfrac{1}{15}$  ② $\dfrac{2}{15}$  ③ $\dfrac{1}{5}$

④ $\dfrac{4}{15}$  ⑤ $\dfrac{1}{3}$

## 07-2

● 9545-0033

어느 고등학교 3학년 학생은 남학생 수와 여학생 수가 같다. 이 고등학교 3학년 학생 전체를 대상으로 등교 방법을 조사하였더니 걸어서 등교하는 학생이 60 %이고, 걸어서 등교하는 학생 중 60 %가 남학생이었다. 이 고등학교 3학년 학생 중에서 임의로 선택한 한 명이 걸어서 등교하지 않는 학생일 때, 이 학생이 여학생일 확률은?

① $\dfrac{13}{20}$  ② $\dfrac{7}{10}$  ③ $\dfrac{3}{4}$

④ $\dfrac{4}{5}$  ⑤ $\dfrac{17}{20}$

# 07-3

9545-0034

주머니 A에는 흰 공 2개와 검은 공 3개가 들어 있고, 주머니 B에는 흰 공 1개와 검은 공 4개가 들어 있다. 주머니 A에서 임의로 한 개의 공을 꺼내 주머니 B에 넣고, 주머니 B에서 임의로 한 개의 공을 꺼낸다. 주머니 B에서 꺼낸 공이 흰 공일 때, 주머니 A에서 주머니 B로 옮겨진 공도 흰 공일 확률은?

① $\dfrac{3}{7}$　　② $\dfrac{1}{2}$　　③ $\dfrac{4}{7}$

④ $\dfrac{9}{14}$　　⑤ $\dfrac{5}{7}$

# 07-4

9545-0035

세 상자 A, B, C에 들어 있는 흰 공과 검은 공의 개수가 다음 표와 같다.

(단위: 개)

|  | 흰 공 | 검은 공 |
|---|---|---|
| 상자 A | 2 | 3 |
| 상자 B | 3 | 3 |
| 상자 C | 2 | 1 |

세 상자 중 한 상자를 임의로 택하고, 택한 상자에서 임의로 한 개의 공을 꺼낸다. 꺼낸 공이 흰 공일 때, 그 공이 상자 A에서 꺼낸 흰 공일 확률은 $\dfrac{q}{p}$이다. $p+q$ 의 값을 구하시오. ( 단, $p$와 $q$는 서로소인 자연수이다. )

# 08 확률의 곱셈정리

흰 공 2개, 검은 공 3개가 들어 있는 주머니에서 임의로 1개의 공을 꺼내는 시행을 두 번 반복한다. 시행할 때마다 꺼낸 공을 다시 넣을 때 같은 색의 공을 꺼낼 확률을 $a$, 시행할 때마다 꺼낸 공을 다시 넣지 않을 때 같은 색의 공을 꺼낼 확률을 $b$라 하자. $25(a+b)$의 값을 구하시오.

**풀이**

( i ) 꺼낸 공을 다시 넣을 때

흰 공을 두 번 꺼낼 확률은 $\left(\dfrac{2}{5}\right)^2=\dfrac{4}{25}$,

검은 공을 두 번 꺼낼 확률은 $\left(\dfrac{3}{5}\right)^2=\dfrac{9}{25}$

이고 서로 배반사건이므로

$$a=\dfrac{4}{25}+\dfrac{9}{25}=\dfrac{13}{25}$$

(ii) 꺼낸 공을 다시 넣지 않을 때

흰 공을 두 번 꺼낼 확률은 $\dfrac{2}{5}\times\dfrac{1}{4}=\dfrac{1}{10}$

검은 공을 두 번 꺼낼 확률은 $\dfrac{3}{5}\times\dfrac{2}{4}=\dfrac{3}{10}$

이고 서로 배반사건이므로

$$b=\dfrac{1}{10}+\dfrac{3}{10}=\dfrac{2}{5}$$

따라서 ( i ),(ii)에서

$$25(a+b)=25\left(\dfrac{13}{25}+\dfrac{2}{5}\right)=23$$

**답** 23

## 개념 必 잡기

- 확률의 곱셈정리

  $\mathrm{P}(A)>0$, $\mathrm{P}(B)>0$일 때, 두 사건 $A$, $B$가 동시에 일어날 확률은

  $$\mathrm{P}(A\cap B)=\mathrm{P}(A)\mathrm{P}(B|A)$$
  $$=\mathrm{P}(B)\mathrm{P}(A|B)$$

---

흰 공 $n$개와 빨간 공 3개가 들어 있는 주머니 W가 있다. 이 주머니 W에서 임의로 한 개의 공을 꺼내어 공의 색을 확인한 후에 다시 넣지 않는다. 이와 같은 시행을 반복할 때, 처음에는 흰 공, 두 번째에는 빨간 공이 나올 확률이 $\dfrac{1}{4}$이었다. 이번에는 주머니 W에서 임의로 한 개의 공을 꺼내어 공의 색을 확인한 후에 다시 넣는다. 이와 같은 시행을 반복할 때, 두 번째에 빨간 공이 나올 확률은? (단, $n>1$)

① $\dfrac{7}{27}$     ② $\dfrac{8}{27}$     ③ $\dfrac{1}{3}$

④ $\dfrac{10}{27}$     ⑤ $\dfrac{11}{27}$

## 수능 感 잡기

**문제 분석**

시행이 독립인지 종속인지를 구별하고 확률의 곱셈정리를 이용하여 확률을 구하는 문제이다.

**+α 개념**

| [확률과 통계]<br>확률의<br>곱셈정리 | **+** | [확률과 통계]<br>확률의<br>덧셈정리 | **+** | [수학]<br>이차방정식 |
|---|---|---|---|---|

- **[확률과 통계]** 확률의 덧셈정리

  두 사건 $A$, $B$가 서로 배반사건이면, 즉 $A\cap B=\varnothing$이면

  $$\mathrm{P}(A\cup B)=\mathrm{P}(A)+\mathrm{P}(B)$$

## 풀이

**해결전략 ① 흰 공의 개수 구하기**

첫 번째에 흰 공이 나오는 사건을 $A$, 두 번째에 빨간 공이 나오는 사건을 $B$라 하자.

$P(A)=\dfrac{n}{n+3}$ 이고, 처음에 꺼낸 공을 다시 주머니 W에 넣지 않으므로 첫 번째에 흰 공이 나오면 두 번째 시행에서 주머니 W의 공의 개수는 $n+2$, 빨간 공의 개수는 3이다.

$P(B|A)=\dfrac{3}{n+2}$ 이고

$$P(A\cap B)=P(A)P(B|A)$$
$$=\dfrac{n}{n+3}\times\dfrac{3}{n+2}$$
$$=\dfrac{3n}{(n+3)(n+2)}$$

$\dfrac{3n}{(n+3)(n+2)}=\dfrac{1}{4}$ 에서

$n^2-7n+6=0$, $(n-1)(n-6)=0$

이때 $n>1$이므로 $n=6$

**해결전략 ② 두 번째에 빨간 공이 나올 확률 구하기**

주머니 W에서 두 번째에 빨간 공이 나올 사건은 처음에 흰 공이 나오고 두 번째에 빨간 공이 나오는 사건과 처음에 빨간 공이 나오고 두 번째에도 빨간 공이 나오는 사건으로 이루어져 있다.

한 개의 공을 꺼내어 공의 색을 확인한 후에 다시 넣을 때

(ⅰ) 처음에 흰 공이 나오고 두 번째에 빨간 공이 나올 확률은

$$\dfrac{6}{9}\times\dfrac{3}{9}=\dfrac{2}{9}$$

(ⅱ) 처음에 빨간 공이 나오고 두 번째에도 빨간 공이 나올 확률은

$$\dfrac{3}{9}\times\dfrac{3}{9}=\dfrac{1}{9}$$

따라서 (ⅰ), (ⅱ)는 서로 배반사건이므로 구하는 확률은

$$\dfrac{2}{9}+\dfrac{1}{9}=\dfrac{1}{3}$$

답 ③

### 수능感 쌤의 수능 대비 한 마디!!!

각 시행이 독립일 때와 종속일 때, 두 번째 사건의 확률이 달라짐을 주의하세요!

---

## 수능유형 체크

○ 9545-0036

흰 공 3개, 검은 공 2개가 들어 있는 상자와 각 면에 숫자 2, 3, 4, 5, 6, 7이 하나씩 적혀 있는 정육면체, 각 면에 숫자 3, 4, 5, 6이 하나씩 적혀 있는 정사면체가 있다. 정육면체는 던져서 윗면에 적혀 있는 수를 읽고, 정사면체는 던져서 보이는 세 면에 적혀 있는 수들을 읽는다. 상자에서 임의로 한 개의 공을 꺼내어 그것이 흰 공이면 정육면체를 던지고 검은 공이면 정사면체를 던질 때, 6 이상의 수가 읽혀질 확률은 $p$이다. $20p$의 값을 구하시오.

**문항 속 개념**

[확률과 통계]
확률의 곱셈정리

$+$

[확률과 통계]
확률의 덧셈정리

## 08-1

● 9545-0037

어떤 학급의 1번부터 28번까지 28명의 학생은 제비뽑기를 하여 일주일 동안 학급봉사를 할 2명을 정하기로 하였다. 표시된 제비 2개와 표시되지 않은 제비 26개가 들어 있는 상자에서 1번 학생부터 28번 학생까지 차례대로 제비를 뽑을 때, 2번 학생과 20번 학생이 표시된 제비를 뽑을 확률은?

(단, 한 번 뽑은 제비는 다시 넣지 않는다.)

① $\dfrac{1}{372}$  ② $\dfrac{1}{374}$  ③ $\dfrac{1}{376}$

④ $\dfrac{1}{378}$  ⑤ $\dfrac{1}{380}$

## 08-2

● 9545-0038

주머니 A에는 흰 공 2개, 검은 공 4개가 들어 있고, 주머니 B에는 흰 공 3개, 검은 공 3개가 들어 있다. 한 개의 주사위를 던져서 4 이하의 눈이 나오면 주머니 A에서 임의로 3개의 공을 동시에 꺼내고, 5 이상의 눈이 나오면 주머니 B에서 임의로 2개의 공을 동시에 꺼낼 때, 꺼낸 공이 모두 검은 공일 확률은?

① $\dfrac{1}{6}$  ② $\dfrac{1}{5}$  ③ $\dfrac{1}{4}$

④ $\dfrac{1}{3}$  ⑤ $\dfrac{1}{2}$

# 08-3
⊙ 9545-0039

A, B, C, D, E 5명의 학생과 각 학생의 이름이 적혀 있는 의자 5개가 있다. 두 학생 A, B를 먼저 A, B의 이름이 적힌 의자에 임의로 배정하고, 세 학생 C, D, E를 나머지 세 의자에 임의로 배정할 때, 5명의 학생 모두 다른 학생의 이름이 적힌 의자에 배정될 확률은?

① $\dfrac{1}{12}$　　② $\dfrac{1}{6}$　　③ $\dfrac{1}{4}$

④ $\dfrac{1}{3}$　　⑤ $\dfrac{5}{12}$

# 08-4
⊙ 9545-0040

흰 공 4개가 들어 있는 주머니에서 임의로 2개의 공을 동시에 꺼내어 흰 공은 검은 공으로, 검은 공은 흰 공으로 바꾸어 다시 주머니에 넣는 시행을 반복할 때, 세 번째 꺼낸 2개의 공이 모두 흰 공일 확률은?

① $\dfrac{1}{18}$　　② $\dfrac{1}{9}$　　③ $\dfrac{1}{6}$

④ $\dfrac{2}{9}$　　⑤ $\dfrac{5}{18}$

# 09 독립인 사건의 확률

내신 유형

세 양궁 선수 A, B, C가 화살을 쏘았을 때, 과녁에 명중시킬 확률은 각각 0.85, 0.84, 0.75이다. 이들이 한 번씩 화살을 쏘았을 때, 적어도 한 명 이상 과녁에 명중시킬 확률은 $\dfrac{k}{500}$이다. $k$의 값을 구하시오.

**풀이**

세 양궁 선수 A, B, C가 각각 과녁에 명중시키는 것은 서로 영향을 주지 않으므로 서로 독립이다.

적어도 한 명 이상 과녁에 명중시키는 사건의 여사건은 세 선수 A, B, C 모두 과녁에 명중시키지 못하는 사건이다.

그런데 세 선수 A, B, C가 과녁에 명중시키지 못할 확률은 각각 0.15, 0.16, 0.25이므로 세 선수 모두 과녁에 명중시키지 못할 확률은

$$0.15 \times 0.16 \times 0.25 = \frac{15}{100} \times \frac{16}{100} \times \frac{25}{100} = \frac{3}{500}$$

따라서 구하는 확률은

$$1 - \frac{3}{500} = \frac{497}{500}$$

이므로 $k = 497$

**답** 497

수능 유형

다음 표는 어느 학급에서 30명의 학생들을 대상으로 햄버거와 피자를 선택하는 학생 중에서 재료로 사용되는 불고기와 치킨 중 어느 쪽을 선호하는지 조사한 것이다.

(단위: 명)

| 종류<br>재료 | 햄버거 | 피자 | 합계 |
|---|---|---|---|
| 불고기 | $a$ | $b$ | 16 |
| 치킨 | $c$ | $d$ | 14 |
| 합계 | $a+c$ | $b+d$ | 30 |

피자를 선택하는 사건과 재료로 불고기를 선호하는 사건이 서로 독립일 때, $\dfrac{11b}{b+2d}$의 값은?

① 3      ② $\dfrac{7}{2}$      ③ 4

④ $\dfrac{9}{2}$      ⑤ 5

개념 必 잡기

• **사건의 독립**

두 사건 $A$, $B$에 대하여 사건 $A$의 발생 여부가 사건 $B$가 일어날 확률에 영향을 주지 않을 때, 즉

$$P(B|A) = P(B) \text{ 또는 } P(A|B) = P(A)$$

일 때, 두 사건 $A$, $B$는 서로 독립이라 하고, 서로 독립인 두 사건을 독립사건이라 한다.

• **독립사건의 곱셈정리**

두 사건 $A$, $B$가 서로 독립이기 위한 필요충분조건은

$$P(A \cap B) = P(A)P(B) \ (단, P(A) > 0, P(B) > 0)$$

수능 感 잡기

**문제 분석**

사건 $A$의 발생 여부가 사건 $B$가 일어날 확률에 영향을 주지 않는지를 먼저 생각하고 서로 독립인 사건의 확률을 구하는 문제이다.

**+α 개념**

[확률과 통계]
독립인
사건의 확률
**+**
[수학]
유리식

• **[수학] 유리식**

$$\frac{\dfrac{A}{B}}{\dfrac{C}{D}} = \frac{A}{B} \times \frac{D}{C} = \frac{AD}{BC}$$

## 풀이

**해결전략 ❶ 피자를 선택할 확률과 재료로 불고기를 선호할 확률 구하기**

피자를 선택하는 사건을 $A$, 재료로 불고기를 선호하는 사건을 $B$라 하면

$$\mathrm{P}(A)=\frac{b+d}{30}$$

$$\mathrm{P}(B)=\frac{16}{30}=\frac{8}{15}$$

**해결전략 ❷ 독립인 사건의 확률을 이용하여 식의 값 구하기**

두 사건 $A$, $B$가 서로 독립이므로

$\mathrm{P}(A\cap B)=\mathrm{P}(A)\mathrm{P}(B)$에서

$$\frac{b}{30}=\frac{b+d}{30}\times\frac{8}{15}$$

$$7b=8d$$

즉, $d=\frac{7}{8}b$

따라서

$$\frac{11b}{b+2d}=\frac{11b}{b+2\times\frac{7}{8}b}=4$$

**답 ③**

 **수능感 쌤의 수능 대비 한 마디!!!**

두 사건이 서로 독립인지를 먼저 파악하고, 독립이면
$\mathrm{P}(A\cap B)=\mathrm{P}(A)\mathrm{P}(B)$임을 이용하면 됩니다.

---

## 수능 유형 체크

○ 9545-0041

어떤 방송국의 특정 오락프로그램에 대하여 시청자 세 사람 A, B, C가 시청할 확률은 각각 $p$, $\frac{3}{4}$, $\frac{4}{5}$이다. 방송국 시청률 조사팀에서 이 특정 오락프로그램 방송시간에 시청자 세 사람 A, B, C에게 각각 시청 여부를 조사할 때, 두 사람만이 특정 오락프로그램을 시청했을 확률이 $\frac{q}{20}$이다. 모든 자연수 $q$의 값의 합을 구하시오. (단, $0<p<1$)

**문항 속 개념**

[확률과 통계]
독립인
사건의 확률

+

[확률과 통계]
확률의
덧셈정리

## 09-1

9545-0042

서로 독립인 두 사건 $A$, $B$에 대하여

$$\mathrm{P}(A \cap B^c) = \frac{4}{9}, \ \mathrm{P}(A^c | B) = \frac{2}{5}$$

가 성립할 때, $\mathrm{P}(B)$의 값은?

(단, $A^c$은 $A$의 여사건이다.)

① $\dfrac{4}{27}$  　　② $\dfrac{7}{27}$  　　③ $\dfrac{10}{27}$

④ $\dfrac{13}{27}$  　　⑤ $\dfrac{16}{27}$

## 09-2

9545-0043

어느 회사에서 생산하는 두 종류의 과자 A, B에서 쿠폰이 나올 확률은 각각 $\dfrac{1}{10}$, $\dfrac{1}{8}$이라 한다. 어떤 사람이 두 과자 A, B를 각각 한 봉지씩 샀을 때, 한 종류의 과자에서만 쿠폰이 나올 확률은?

① $\dfrac{1}{5}$  　　② $\dfrac{1}{4}$  　　③ $\dfrac{3}{10}$

④ $\dfrac{7}{20}$  　　⑤ $\dfrac{2}{5}$

# 09-3

9545-0044

다음 표는 두 학급 A, B의 학생들을 대상으로 야구와 축구에 대한 선호도를 조사하여 두 학급 A, B 전체 학생의 수에 대한 비로 나타낸 것이다.

|   | 야구 | 축구 | 합계 |
|---|------|------|------|
| A | $a$ | $b$ | $\dfrac{3}{5}$ |
| B | $c$ | $d$ | $\dfrac{2}{5}$ |
| 합계 | $\dfrac{1}{4}$ | $\dfrac{3}{4}$ | 1 |

어떤 학생이 축구를 좋아하는 사건과 학급 $B$에 속하는 사건이 서로 독립일 때, $a+d$의 값은?

① $\dfrac{3}{10}$  ② $\dfrac{7}{20}$  ③ $\dfrac{2}{5}$

④ $\dfrac{9}{20}$  ⑤ $\dfrac{1}{2}$

# 09-4

9545-0045

두 사건 $A$, $B$가 서로 독립이고
$$0 < P(A) < 1,\ 0 < P(B) < 1$$
일 때, 〈보기〉에서 옳은 것만을 있는 대로 고른 것은?
(단, $A^c$은 $A$의 여사건이다.)

| 보기 |
ㄱ. $P(A|B) = P(A^c|B^c)$
ㄴ. $P(A) = P(A)P(B) + P(A)P(B^c)$
ㄷ. $P(A^c|B)P(B^c|A) = 1 - P(A \cup B)$

① ㄱ  ② ㄴ  ③ ㄱ, ㄴ
④ ㄴ, ㄷ  ⑤ ㄱ, ㄴ, ㄷ

# 10 독립시행의 확률

두 농구선수 A, B는 자유투를 던져서 성공할 확률이 각각 $\frac{2}{3}$, $\frac{1}{2}$이다. 두 농구선수가 각각 자유투를 한 번씩 던지는 시행을 10회 반복할 때, 두 선수가 동시에 성공한 횟수가 9회 이상일 확률은 $\frac{k}{3^{10}}$이다. $k$의 값은?

① 15  ② 17  ③ 19
④ 21  ⑤ 23

**풀이**

두 농구선수 A, B가 각각 자유투를 한 번씩 던져서 두 선수 모두 성공할 확률은

$$\frac{2}{3} \times \frac{1}{2} = \frac{1}{3}$$

10회의 시행 중 두 선수가 동시에 성공한 횟수가 9회 이상인 사건은 9회 또는 10회 성공하는 사건이므로 그 확률은

$$_{10}C_9 \left(\frac{1}{3}\right)^9 \left(\frac{2}{3}\right)^1 + {}_{10}C_{10}\left(\frac{1}{3}\right)^{10} = 10 \times \frac{2}{3^{10}} + \frac{1}{3^{10}}$$
$$= \frac{21}{3^{10}}$$

따라서 $k = 21$

답 ④

## 개념 必 잡기

- **독립시행**
  동일한 시행을 $n$번 반복할 때, 매번 일어나는 사건들이 서로 영향을 받지 않는 독립사건인 경우 이러한 시행을 독립시행이라 한다.
- **독립시행의 확률**
  한 번의 시행에서 사건 $A$가 일어날 확률이 $p$이고 그 여사건의 확률을 $q$라 할 때, $n$번의 독립시행에서 사건 $A$가 $r$번 일어날 확률은
  $$_{n}C_r p^r q^{n-r} \ (단, q=1-p, r=0, 1, 2, \cdots, n, p^0=q^0=1)$$

그림은 참가자 A, B가 차례대로 동전 4개를 동시에 던져서 앞면이 나오는 개수만큼 전진하고 모두 뒷면이 나오면 5칸을 전진하는 어떤 게임의 게임판의 일부이다. 골인 지점에 도착하거나 지나가면 우승이다.

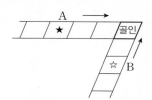

참가자 A가 동전을 던질 차례일 때, 참가자 A의 말(★)은 골인 지점에 도착하려면 세 칸을 전진해야 하고, 참가자 B의 말(☆)은 골인 지점에 도착하려면 두 칸을 전진하면 된다. 두 참가자 A, B가 번갈아 가며 동전 4개를 동시에 던져서 참가자 A가 두 번째 던질 때 이길 확률을 $a$, 참가자 B가 두 번째 던질 때 이길 확률을 $b$라 할 때, $256(a-b)$의 값을 구하시오.

## 수능 感 잡기

**문제 분석**
주어진 시행이 독립시행인지를 먼저 판단하고 독립시행의 확률을 구하는 문제이다.

**+α 개념**

| [확률과 통계] 독립시행의 확률 | + | [확률과 통계] 확률의 덧셈정리 |
|---|---|---|

- **[확률과 통계] 확률의 덧셈정리**
  두 사건 $A$, $B$가 서로 배반사건이면, 즉 $A \cap B = \varnothing$이면
  $$P(A \cup B) = P(A) + P(B)$$

**풀이**

**해결전략 ①** $a$의 값 구하기

(i) 참가자 A가 두 번째에 이기는 경우
  ㉠ 참가자 A가 첫 번째에 동전 4개를 던져서 앞면이 1개 나올 확률은 $_4C_1\left(\frac{1}{2}\right)\left(\frac{1}{2}\right)^3 = \frac{1}{4}$

다음으로 참가자 B가 첫 번째에 동전 4개를 던져서 앞면이 1개 나올 확률은 $_4C_1\left(\dfrac{1}{2}\right)\left(\dfrac{1}{2}\right)^3=\dfrac{1}{4}$

다시 참가자 A가 두 번째에 동전 4개를 던져서 앞면이 2개 이상 나오거나 모두 뒷면이 나올 확률은

$1-_4C_1\left(\dfrac{1}{2}\right)\left(\dfrac{1}{2}\right)^3=\dfrac{3}{4}$이므로 구하는 확률은

$\dfrac{1}{4}\times\dfrac{1}{4}\times\dfrac{3}{4}=\dfrac{3}{64}$

ⓒ 참가자 A가 첫 번째에 동전 4개를 던져서 앞면이 2개 나올 확률은 $_4C_2\left(\dfrac{1}{2}\right)^2\left(\dfrac{1}{2}\right)^2=\dfrac{3}{8}$

다음으로 참가자 B가 첫 번째에 동전 4개를 던져서 앞면이 1개 나올 확률은 $_4C_1\left(\dfrac{1}{2}\right)\left(\dfrac{1}{2}\right)^3=\dfrac{1}{4}$

다시 참가자 A가 두 번째에 동전 4개를 던지면 무조건 이기므로 구하는 확률은 $\dfrac{3}{8}\times\dfrac{1}{4}\times1=\dfrac{3}{32}$

그러므로 $a=\dfrac{3}{64}+\dfrac{3}{32}=\dfrac{9}{64}$

### 해결전략 ❷ $b$의 값 구하기

(ii) 참가자 B가 두 번째에 이기는 경우

참가자 A가 첫 번째에 동전 4개를 던져서 앞면이 1개 나올 확률은 $_4C_1\left(\dfrac{1}{2}\right)\left(\dfrac{1}{2}\right)^3=\dfrac{1}{4}$

다음으로 참가자 B가 첫 번째에 동전 4개를 던져서 앞면이 1개 나올 확률은 $_4C_1\left(\dfrac{1}{2}\right)\left(\dfrac{1}{2}\right)^3=\dfrac{1}{4}$

다시 참가자 A가 두 번째에 동전 4개를 던져서 앞면이 1개 나올 확률은 $_4C_1\left(\dfrac{1}{2}\right)\left(\dfrac{1}{2}\right)^3=\dfrac{1}{4}$

다시 참가자 B가 두 번째에 동전 4개를 던지면 무조건 이기므로 구하는 확률은 $b=\dfrac{1}{4}\times\dfrac{1}{4}\times\dfrac{1}{4}\times1=\dfrac{1}{64}$

### 해결전략 ❸ $256(a-b)$의 값 구하기

따라서 $256(a-b)=256\left(\dfrac{9}{64}-\dfrac{1}{64}\right)=32$

**답** 32

**수능 感 쌤의 수능 대비 한 마디!!**

독립시행의 확률을 구할 때에는 1회 시행할 때의 확률과 사건이 일어나는 횟수를 이용하면 됩니다.

어떤 게임에서 6개의 서로 다른 색의 공이 들어 있는 상자에서 세 사람 A, B, C가 각각 공을 임의로 하나씩 꺼내어 모두 서로 다른 색을 고르면 상품을 준다. 세 사람 A, B, C가 이 게임을 5번 반복할 때, 2번 상품을 받을 확률이 $\dfrac{k}{9^5}$이다. $k$의 값은? (단, 각자 공을 꺼내어 색을 확인한 후에 꺼낸 공은 다시 상자에 넣는다.)

① 12000　　② 13000　　③ 14000
④ 15000　　⑤ 16000

**문항 속 개념**

> **[확률과 통계]**
> 독립시행의 확률
> ＋
> **[수학]**
> 순열과 조합

# 10-1

9545-0047

한 개의 주사위를 5회 던질 때, 3의 배수의 눈이 4회 나올 확률을 $p_1$이라 하고, 3의 배수의 눈이 연속해서 4회 나올 확률을 $p_2$라 할 때, $p_1-p_2$의 값은?

① $\dfrac{5}{243}$　　② $\dfrac{2}{81}$　　③ $\dfrac{7}{243}$

④ $\dfrac{8}{243}$　　⑤ $\dfrac{1}{27}$

# 10-2

9545-0048

한 개의 주사위를 던져서 5 이상의 눈이 나오면 동전을 3번, 4 이하의 눈이 나오면 동전을 2번 던지는 게임을 한다. 주사위 한 개와 동전 한 개로 이 게임을 한 번 할 때, 동전의 앞면이 한 번만 나올 확률은?

① $\dfrac{5}{12}$　　② $\dfrac{11}{24}$　　③ $\dfrac{1}{2}$

④ $\dfrac{13}{24}$　　⑤ $\dfrac{7}{12}$

# 10-3

▶ 9545-0049

수직선 위를 움직이는 점 P가 원점 O에 놓여 있다. 점 P는 한 개의 주사위를 던져 3의 약수의 눈이 나오면 양의 방향으로 2만큼, 3의 약수가 아닌 눈이 나오면 음의 방향으로 1만큼 이동한다. 주사위를 4번 던질 때, 점 P의 좌표가 양수일 확률은?

① $\dfrac{8}{27}$        ② $\dfrac{1}{3}$        ③ $\dfrac{10}{27}$

④ $\dfrac{11}{27}$        ⑤ $\dfrac{4}{9}$

# 10-4

▶ 9545-0050

좌표평면 위를 움직이는 점 P에 대하여 한 개의 동전을 던질 때마다 다음과 같은 규칙에 따라 점 P를 이동시키는 시행을 한다.

> (가) 앞면이 나오면 $x$축의 방향으로 1만큼, $y$축의 방향으로 2만큼 평행이동한다.
>
> (나) 뒷면이 나오면 $x$축의 방향으로 1만큼, $y$축의 방향으로 1만큼 평행이동한다.

원점을 출발한 점 P가 점 $(8, 11)$에 도달할 확률은?

① $\dfrac{1}{8}$        ② $\dfrac{5}{32}$        ③ $\dfrac{3}{16}$

④ $\dfrac{7}{32}$        ⑤ $\dfrac{1}{4}$

# 11 이산확률변수의 평균, 분산, 표준편차

이산확률변수 $X$의 확률분포를 표로 나타내면 다음과 같다.

| $X$ | 1 | 2 | 3 | 합계 |
|---|---|---|---|---|
| $\mathrm{P}(X=x)$ | $\dfrac{1}{2}$ | $\dfrac{1}{4}$ | $\dfrac{1}{4}$ | 1 |

$\mathrm{E}(4X+3)$의 값을 구하시오.

**풀이**

$$\mathrm{E}(X)=1\times\frac{1}{2}+2\times\frac{1}{4}+3\times\frac{1}{4}$$
$$=\frac{1}{2}+\frac{1}{2}+\frac{3}{4}=\frac{7}{4}$$

따라서
$$\mathrm{E}(4X+3)=4\mathrm{E}(X)+3$$
$$=4\times\frac{7}{4}+3=10$$

**답** 10

## 개념 必 잡기

- **이산확률변수의 평균, 분산, 표준편차**
  이산확률변수 $X$의 확률질량함수가
  $\mathrm{P}(X=x_i)=p_i\ (i=1,2,3,\cdots,n)$일 때
  (1) 기댓값(평균)
  $$\mathrm{E}(X)=x_1p_1+x_2p_2+\cdots+x_np_n$$
  (2) 분산
  $$\mathrm{V}(X)=(x_1-m)^2p_1+(x_2-m)^2p_2+\cdots+(x_n-m)^2p_n$$
  $$=\mathrm{E}(X^2)-\{\mathrm{E}(X)\}^2$$
  (3) 표준편차
  $$\sigma(X)=\sqrt{\mathrm{V}(X)}$$
- **확률변수 $aX+b$의 평균, 분산, 표준편차**
  이산확률변수 $X$와 두 상수 $a,b\ (a\neq0)$에 대하여
  (1) $\mathrm{E}(aX+b)=a\mathrm{E}(X)+b$
  (2) $\mathrm{V}(aX+b)=a^2\mathrm{V}(X)$
  (3) $\sigma(aX+b)=|a|\sigma(X)$

검은 공 1개, 흰 공 2개가 들어 있는 상자 A에서 임의로 1개의 공을 꺼내어 검은 공 1개, 흰 공 1개가 들어 있는 상자 B에 넣은 후 상자 B에서 임의로 2개의 공을 동시에 꺼낼 때, 나오는 검은 공의 개수를 확률변수 $X$라 하자. $\mathrm{V}(3X-2)$의 값은?

① $\dfrac{8}{3}$  ② $\dfrac{26}{9}$  ③ $\dfrac{28}{9}$

④ $\dfrac{10}{3}$  ⑤ $\dfrac{32}{9}$

## 수능 感 잡기

**문제 분석**

확률변수가 갖는 값의 확률을 계산하여 확률분포를 표로 나타내고 이를 이용하여 평균과 분산을 구하는 문제이다.

**+α 개념**

> [확률과 통계]
> 이산확률변수의
> 평균과 표준편차
>
> **+**
>
> [확률과 통계]
> 확률의 덧셈정리와
> 곱셈정리

- **[확률과 통계] 확률의 덧셈정리와 곱셈정리**
  (1) 확률의 덧셈정리
  두 사건 $A,B$에 대하여 사건 $A$ 또는 사건 $B$가 일어날 확률은
  $$\mathrm{P}(A\cup B)=\mathrm{P}(A)+\mathrm{P}(B)-\mathrm{P}(A\cap B)$$
  특히, 두 사건 $A,B$가 서로 배반사건이면
  $$\mathrm{P}(A\cup B)=\mathrm{P}(A)+\mathrm{P}(B)$$
  (2) 확률의 곱셈정리
  $\mathrm{P}(A)>0,\mathrm{P}(B)>0$일 때, 사건 $A\cap B$가 일어날 확률은
  $$\mathrm{P}(A\cap B)=\mathrm{P}(A)\mathrm{P}(B|A)=\mathrm{P}(B)\mathrm{P}(A|B)$$

**풀이**

**해결전략 ❶ 확률변수 $X$가 갖는 값에 따른 확률 구하기**

확률변수 $X$가 갖는 값은 0, 1, 2이고 각각의 경우에 대한 확률은 다음과 같다.

(ⅰ) $X=0$인 경우

상자 A에서 흰 공 1개를 꺼내어 상자 B에 넣은 후 상자 B에
들어 있는 검은 공 1개, 흰 공 2개에서 흰 공 2개를 꺼낼 확
률은 $\dfrac{2}{3} \times \dfrac{{}_2C_2}{{}_3C_2} = \dfrac{2}{9}$

(ⅱ) $X=1$인 경우

상자 A에서 흰 공 1개를 꺼내어 상자 B에 넣은 후 상자 B에
들어 있는 검은 공 1개, 흰 공 2개에서 검은 공 1개, 흰 공 1
개를 꺼내거나 상자 A에서 검은 공 1개를 꺼내어 상자 B에
넣은 후 상자 B에 들어 있는 검은 공 2개, 흰 공 1개에서 검
은 공 1개, 흰 공 1개를 꺼낼 확률은
$\dfrac{2}{3} \times \dfrac{{}_1C_1 \times {}_2C_1}{{}_3C_2} + \dfrac{1}{3} \times \dfrac{{}_2C_1 \times {}_1C_1}{{}_3C_2} = \dfrac{4}{9} + \dfrac{2}{9} = \dfrac{2}{3}$

(ⅲ) $X=2$인 경우

상자 A에서 검은 공 1개를 꺼내어 상자 B에 넣은 후 상자 B
에 들어 있는 검은 공 2개, 흰 공 1개에서 검은 공 2개를 꺼
낼 확률은 $\dfrac{1}{3} \times \dfrac{{}_2C_2}{{}_3C_2} = \dfrac{1}{9}$

**해결전략 ②  확률분포를 표로 나타내고 $E(X)$, $V(X)$ 구하기**

그러므로 (ⅰ), (ⅱ), (ⅲ)에서 확률변수 $X$의 확률분포를 표로 나타
내면 다음과 같다.

| $X$ | 0 | 1 | 2 | 합계 |
|---|---|---|---|---|
| $P(X=x)$ | $\dfrac{2}{9}$ | $\dfrac{2}{3}$ | $\dfrac{1}{9}$ | 1 |

이때 $E(X) = 0 \times \dfrac{2}{9} + 1 \times \dfrac{2}{3} + 2 \times \dfrac{1}{9} = \dfrac{8}{9}$,

$V(X) = 0^2 \times \dfrac{2}{9} + 1^2 \times \dfrac{2}{3} + 2^2 \times \dfrac{1}{9} - \left(\dfrac{8}{9}\right)^2 = \dfrac{26}{81}$

**해결전략 ③  $V(3X-2)$의 값 구하기**

따라서

$V(3X-2) = 9V(X) = 9 \times \dfrac{26}{81} = \dfrac{26}{9}$

답 ②

---

**수능유형 체크**  ▶ 9545-0051

주사위 한 개를 던져서 3의 배수의 눈이 나오면 동전 한 개
를 2번 던지고, 3의 배수의 눈이 나오지 않으면 동전 한 개
를 1번 던질 때, 동전의 앞면이 나오는 횟수를 확률변수 $X$
라 하자. $E(3X+8)$의 값은?

① 6      ② 7      ③ 8

④ 9      ⑤ 10

**문항 속 개념**

| **[확률과 통계]** 이산확률변수의 평균, 분산, 표준편차 | + | **[확률과 통계]** 독립시행의 확률 |
|---|---|---|

## 11-1

> 9545-0052

이산확률변수 $X$의 확률분포를 표로 나타내면 다음과 같다.

| $X$ | 1 | 2 | 3 | 4 | 합계 |
|---|---|---|---|---|---|
| $P(X=x)$ | $a$ | $\dfrac{1}{4}$ | $\dfrac{1}{2}$ | $b$ | 1 |

$E(X)=\dfrac{5}{2}$일 때, $V(6X-5)$의 값을 구하시오.

(단, $a$, $b$는 상수이다.)

## 11-2

> 9545-0053

이산확률변수 $X$의 확률질량함수가

$$P(X=x)=\frac{k}{x(x+1)} \ (단, x=1, 2, 3, 4, 5)$$

일 때, $E(X)$의 값은? (단, $k$는 상수이다.)

① $\dfrac{42}{25}$  ② $\dfrac{87}{50}$  ③ $\dfrac{9}{5}$

④ $\dfrac{93}{50}$  ⑤ $\dfrac{48}{25}$

# 11-3

9545-0054

주머니 속에 1, 2, 3, 4의 숫자가 하나씩 적혀 있는 4장의 카드가 들어 있다. 이 주머니에서 임의로 2장의 카드를 동시에 뽑아 나오는 카드에 적힌 수의 합을 확률변수 $X$라 하고, $E(X)=m$이라 하자. $P(X>m)$의 값은?

① $\dfrac{1}{6}$　　② $\dfrac{1}{3}$　　③ $\dfrac{1}{2}$

④ $\dfrac{2}{3}$　　⑤ $\dfrac{5}{6}$

# 11-4

9545-0055

흰 공 6개, 검은 공 3개가 들어 있는 주머니에서 임의로 2개의 공을 동시에 꺼낼 때, 주머니에 남아 있는 흰 공과 검은 공의 개수의 차를 확률변수 $X$라 하자. $E(X)$의 값은?

① $\dfrac{3}{2}$　　② $\dfrac{5}{3}$　　③ $2$

④ $\dfrac{7}{3}$　　⑤ $\dfrac{5}{2}$

# 12 이항분포

확률변수 $X$가 이항분포 $B(288, p)$를 따르고 $X$의 평균이 96일 때, $\sigma(3X+1)$의 값은?

① 18          ② 20          ③ 22

④ 24          ⑤ 26

**풀이**

확률변수 $X$가 이항분포 $B(288, p)$를 따르고
$E(X)=96$이므로

$288 \times p = 96$에서 $p = \dfrac{1}{3}$

따라서

$V(X) = 288 \times \dfrac{1}{3} \times \dfrac{2}{3} = 64$

$\sigma(X) = \sqrt{64} = 8$

이므로

$$\sigma(3X+1) = 3\sigma(X)$$
$$= 3 \times 8$$
$$= 24$$

**답** ④

이항분포 $B(n, p)$를 따르는 확률변수 $X$의 평균이 8이고 표준편차가 2이다. $P(X=3) = kP(X=2)$일 때, 상수 $k$의 값은?

① 4          ② $\dfrac{13}{3}$          ③ $\dfrac{14}{3}$

④ 5          ⑤ $\dfrac{16}{3}$

---

## 개념 必 잡기

• **이항분포**

1회 시행에서 사건 $A$가 일어날 확률이 $p$로 일정할 때, $n$회의 독립시행에서 사건 $A$가 일어나는 횟수를 확률변수 $X$라 하면 $X$의 확률질량함수는

$\quad P(X=r)$
$\quad = {}_n C_r p^r q^{n-r}$ $(q=1-p,\ r=0,\ 1,\ 2,\ \cdots,\ n,\ p^0 = q^0 = 1)$

이다. 이와 같은 확률분포를 이항분포라 하고, 기호로 $B(n, p)$와 같이 나타낸다.

• **이항분포의 평균과 분산**

확률변수 $X$가 이항분포 $B(n, p)$를 따를 때

(1) 평균: $E(X) = np$

(2) 분산: $V(X) = npq$ (단, $q = 1-p$)

(3) 표준편차: $\sigma(X) = \sqrt{npq}$ (단, $q = 1-p$)

## 수능 感 잡기

**문제 분석**

이항분포를 따르는 확률변수의 평균과 표준편차를 이용하여 시행횟수와 확률을 구할 수 있는지를 묻는 문제이다.

**+α 개념**

**[확률과 통계]** 이항분포 **+** **[확률과 통계]** 독립시행의 확률

• **[확률과 통계] 독립시행의 확률**

1회의 시행에서 사건 $A$가 일어날 확률이 $p$일 때, $n$회의 독립시행에서 사건 $A$가 $r$회 일어날 확률은

$\quad {}_n C_r p^r q^{n-r}$ (단, $q = 1-p,\ r = 0,\ 1,\ 2,\ \cdots,\ n,\ p^0 = q^0 = 1$)

## 풀이

**해결전략 ①** 이항분포의 평균과 분산을 이용하여 $p$, $q$, $n$의 값 구하기

확률변수 $X$의 평균이 8이고 표준편차가 2, 즉 분산이 4이므로

$E(X)=np=8$ ······ ㉠

$V(X)=npq=4$ ······ ㉡

㉠, ㉡에서

$8q=4$이므로 $q=\dfrac{1}{2}$

$p=1-q=\dfrac{1}{2}$을 ㉠에 대입하면

$\dfrac{1}{2}n=8$이므로 $n=16$

**해결전략 ②** $P(X=2)$, $P(X=3)$의 값 구하기

$P(X=2)={}_{16}C_2\left(\dfrac{1}{2}\right)^2\left(\dfrac{1}{2}\right)^{14}$

$P(X=3)={}_{16}C_3\left(\dfrac{1}{2}\right)^3\left(\dfrac{1}{2}\right)^{13}$

**해결전략 ③** $k$의 값 구하기

$P(X=3)=kP(X=2)$에서

${}_{16}C_3\left(\dfrac{1}{2}\right)^3\left(\dfrac{1}{2}\right)^{13}=k\times{}_{16}C_2\left(\dfrac{1}{2}\right)^2\left(\dfrac{1}{2}\right)^{14}$이므로

$k=\dfrac{{}_{16}C_3}{{}_{16}C_2}=\dfrac{560}{120}=\dfrac{14}{3}$

**답** ③

### 수능感 쌤의 수능 대비 한 마디!!

이항분포는 시행횟수와 한 번 시행할 때의 확률을 구하고 독립 시행의 확률을 이용하면 됩니다.

## 수능유형 체크

흰 공 4개, 검은 공 6개가 들어 있는 주머니에서 임의로 2개의 공을 동시에 꺼내어 색을 확인하고 다시 넣는 시행을 30번 반복한다. 같은 색의 공이 나오면 4점, 다른 색의 공이 나오면 2점을 얻는다고 할 때, 얻을 수 있는 점수의 기댓값은?

① 86 ② 87 ③ 88

④ 89 ⑤ 90

### 문항 속 개념

[확률과 통계]
이항분포

+

[확률과 통계]
확률의 덧셈정리

## 12-1

○ 9545-0057

이항분포 $B(n, p)$를 따르는 확률변수 $X$에 대하여
$$E(2X+3)=43, \ V(5X+2)=400$$
일 때, 자연수 $n$의 값을 구하시오.

## 12-2

○ 9545-0058

두 개의 주사위를 던지는 시행을 30회 반복할 때, 두 주사위의 눈의 수의 합이 6 이하가 되는 횟수를 확률변수 $X$라 하자. $E(6X+5)$의 값은?

① 80　　　　② 83　　　　③ 86

④ 89　　　　⑤ 92

# 12-3

9545-0059

확률변수 $X$가 이항분포 $\mathrm{B}\left(n, \dfrac{1}{3}\right)$을 따르고,

$$\mathrm{P}(X=2)=\dfrac{7}{2}\mathrm{P}(X=1)$$

일 때, $\mathrm{V}(3X)$의 값은?

① 24          ② 27          ③ 30

④ 33          ⑤ 36

# 12-4

9545-0060

수직선 위의 원점에 있는 점 P가 다음 규칙에 따라 움직인다고 한다.

> (가) 동전을 던져서 앞면이 나오면 $+2$만큼 움직인다.
>
> (나) 동전을 던져서 뒷면이 나오면 $-1$만큼 움직인다.

동전을 10번 던져서 점 P를 움직일 때, 점 P의 좌표를 확률변수 $X$라 하자. $\mathrm{E}(X)$의 값은?

① 4          ② $\dfrac{9}{2}$          ③ 5

④ $\dfrac{11}{2}$          ⑤ 6

연속확률변수 $X$가 갖는 값의 범위가 $0 \leq X \leq 6$이고, 확률변수 $X$의 확률밀도함수가 $f(x) = a(6-x)$일 때, $\mathrm{P}(1 \leq X \leq 4)$의 값은? (단, $a$는 상수이다.)

① $\dfrac{1}{2}$        ② $\dfrac{7}{12}$        ③ $\dfrac{2}{3}$

④ $\dfrac{3}{4}$        ⑤ $\dfrac{5}{6}$

**풀이**

함수 $y = f(x)$의 그래프는 그림과 같다.

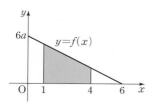

함수 $f(x)$는 확률밀도함수이므로 함수 $y = f(x)$의 그래프와 $x$축, $y$축으로 둘러싸인 부분의 넓이는 1이다.

$\dfrac{1}{2} \times 6 \times 6a = 1$에서 $a = \dfrac{1}{18}$이므로

$f(x) = \dfrac{1}{18}(6-x)$

따라서 $\mathrm{P}(1 \leq X \leq 4)$의 값은 함수 $y = f(x)$의 그래프와 $x$축 및 두 직선 $x = 1$, $x = 4$로 둘러싸인 부분의 넓이이므로

$\mathrm{P}(1 \leq X \leq 4) = \dfrac{1}{2} \times \{f(1) + f(4)\} \times 3$

$= \dfrac{1}{2} \times \left(\dfrac{5}{18} + \dfrac{1}{9}\right) \times 3 = \dfrac{7}{12}$

**답** ②

**개념 必 잡기**

• 확률밀도함수

$a \leq x \leq b$의 모든 실수 값을 갖는 연속확률변수 $X$의 확률밀도함수 $f(x)$에 대하여 다음이 성립한다.

(1) $f(x) \geq 0$

(2) 함수 $y = f(x)$의 그래프와 $x$축 및 두 직선 $x = a$, $x = b$로 둘러싸인 부분의 넓이는 1이다.

(3) $\mathrm{P}(\alpha \leq X \leq \beta)$는 함수 $y = f(x)$의 그래프와 $x$축 및 두 직선 $x = \alpha$, $x = \beta$로 둘러싸인 부분의 넓이와 같다.

(단, $a \leq \alpha \leq \beta \leq b$)

연속확률변수 $X$가 갖는 값의 범위가 $0 \leq X \leq 5$이고, 양수 $a$에 대하여 확률변수 $X$의 확률밀도함수 $f(x)$는

$$f(x) = \begin{cases} -\dfrac{a}{2}(x-2) & (0 \leq x < 2) \\ a(x-2) & (2 \leq x \leq 5) \end{cases}$$

이다.

$\mathrm{P}(0 \leq X \leq 2) - 2\mathrm{P}(2 \leq X \leq b) + \mathrm{P}(b \leq X \leq 5) = 0$을 만족시킬 때, $(11a - b)^2$의 값은? (단, $2 < b < 5$이다.)

① $\dfrac{11}{6}$        ② $\dfrac{55}{24}$        ③ $\dfrac{11}{4}$

④ $\dfrac{77}{24}$        ⑤ $\dfrac{11}{3}$

**수능 感 잡기**

**문제 분석**

확률밀도함수의 뜻을 정확히 알고 상수의 값을 구하는 문제이다.

**+α 개념**

[확률과 통계] 확률밀도함수 ＋ [수학] 직선의 방정식

• [수학] 직선의 방정식

(1) 기울기가 $m$이고 원점을 지나는 직선의 방정식

$y = mx$

(2) 기울기가 $m$이고 점 $(a, b)$를 지나는 직선의 방정식

$y - b = m(x - a)$

## 풀이

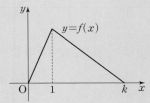
**해결전략 ❶** 함수 $y=f(x)$의 그래프와 $x$축으로 둘러싸인 부분의 넓이가 **1**임을 이용하기

함수 $y=f(x)$의 그래프는 그림과 같다.

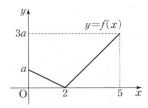

확률밀도함수의 그래프와 $x$축, 두 직선 $x=0$, $x=5$로 둘러싸인 부분의 넓이가 1이므로

$\dfrac{1}{2}\times 2\times a+\dfrac{1}{2}\times 3\times 3a=1$에서 $a=\dfrac{2}{11}$

**해결전략 ❷** 확률을 구하고 조건을 만족시키는 식 구하기

$\mathrm{P}(0\leq X\leq 2)=\dfrac{1}{2}\times 2\times\dfrac{2}{11}=\dfrac{2}{11}$

$\mathrm{P}(2\leq X\leq b)=\dfrac{1}{2}\times(b-2)\times\dfrac{2}{11}(b-2)=\dfrac{1}{11}(b-2)^2$

$\mathrm{P}(b\leq X\leq 5)=\dfrac{9}{11}-\mathrm{P}(2\leq X\leq b)$

$\qquad\qquad\quad=\dfrac{9}{11}-\dfrac{1}{11}(b-2)^2$

이므로

$\mathrm{P}(0\leq X\leq 2)-2\mathrm{P}(2\leq X\leq b)+\mathrm{P}(b\leq X\leq 5)=0$에서

$\dfrac{2}{11}-\dfrac{2}{11}(b-2)^2+\dfrac{9}{11}-\dfrac{1}{11}(b-2)^2=0$

$\dfrac{3}{11}(b-2)^2=1$에서 $(b-2)^2=\dfrac{11}{3}$

**해결전략 ❸** 식을 변형하여 값 구하기

따라서 $11a=2$이므로

$(11a-b)^2=(2-b)^2=(b-2)^2=\dfrac{11}{3}$

답 ⑤

연속확률변수에 관한 문제는 먼저 확률밀도함수와 $x$축 사이의 넓이가 1이라는 성질을 생각해야 합니다.

---

연속확률변수 $X$가 갖는 값의 범위가 $0\leq X\leq k$이고, 확률변수 $X$의 확률밀도함수가

$$f(x)=\begin{cases}ax & (0\leq x\leq 1)\\ bx+c & (1\leq x\leq k)\end{cases}$$

일 때, 함수 $y=f(x)$의 그래프가 그림과 같다.

$3\mathrm{P}(0\leq X\leq 1)=\mathrm{P}(1\leq X\leq k)$일 때, $\mathrm{P}(3\leq X\leq k)$의 값은? (단, $a$, $b$, $c$는 상수이고, $k>3$이다.)

① $\dfrac{1}{20}$　　　② $\dfrac{1}{18}$　　　③ $\dfrac{1}{16}$

④ $\dfrac{1}{14}$　　　⑤ $\dfrac{1}{12}$

**문항 속 개념**

[확률과 통계]
확률밀도함수

╋

[수학]
직선의 방정식

# 13-1

○ 9545-0062

연속확률변수 $X$가 갖는 값의 범위는 $0 \le X \le 8$이고 $X$의 확률밀도함수의 그래프는 다음과 같다.

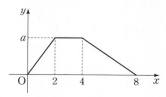

$P(0 \le X \le k) = \dfrac{1}{2}$일 때, 상수 $k$의 값은?

(단, $a$는 상수이다.)

① $\dfrac{5}{2}$   ② $\dfrac{11}{4}$   ③ $3$

④ $\dfrac{13}{4}$   ⑤ $\dfrac{7}{2}$

# 13-2

○ 9545-0063

연속확률변수 $X$가 갖는 값의 범위가 $0 \le X \le 4$이고 $0 \le x \le 4$인 실수 $x$가

$$P(x \le X \le 4) = a - \frac{x^2}{16}$$

을 만족시킨다. $P(1 \le X \le 2)$의 값은?

① $\dfrac{1}{8}$   ② $\dfrac{3}{16}$   ③ $\dfrac{1}{4}$

④ $\dfrac{5}{16}$   ⑤ $\dfrac{3}{8}$

# 13-3

9545-0064

연속확률변수 $X$가 갖는 값의 범위는 $0 \leq X \leq 4$이고 $X$의 확률밀도함수가

$$f(x) = \begin{cases} ax & (0 \leq x \leq 2) \\ 4a - ax & (2 \leq x \leq 4) \end{cases}$$

이다. $\mathrm{P}(0 \leq X \leq b) = \dfrac{7}{8}$일 때, 두 상수 $a$, $b$의 합 $a + b$의 값은?

① 3    ② $\dfrac{13}{4}$    ③ $\dfrac{7}{2}$

④ $\dfrac{15}{4}$    ⑤ 4

# 13-4

9545-0065

확률변수 $X$가 갖는 값의 범위는 $0 \leq X \leq 4$이고, $X$의 확률밀도함수가 $f(x) = mx$이다. $0 \leq t \leq 4$에서 정의된 함수 $g(t)$가 $g(t) = \mathrm{P}(0 \leq X \leq t)$이고 $f(k) = g(k)$일 때, $\mathrm{P}(k \leq X \leq 3)$의 값은?

(단, $m$은 상수이고, $k \neq 0$이다.)

① $\dfrac{3}{16}$    ② $\dfrac{1}{4}$    ③ $\dfrac{5}{16}$

④ $\dfrac{3}{8}$    ⑤ $\dfrac{7}{16}$

# 14 정규분포와 표준정규분포

확률변수 $X$가 정규분포 $N(40, 6^2)$을 따를 때, $P(31 \leq X \leq 52)$의 값을 오른쪽 표준정규분포표를 이용하여 구한 것은?

| $z$ | $P(0 \leq Z \leq z)$ |
|-----|----------------------|
| 1.0 | 0.3413 |
| 1.5 | 0.4332 |
| 2.0 | 0.4772 |
| 2.5 | 0.4938 |
| 3.0 | 0.4987 |

① 0.6826  ② 0.7745
③ 0.9104  ④ 0.9710
⑤ 0.9925

**풀이**

확률변수 $X$가 정규분포 $N(40, 6^2)$을 따르므로

$Z = \dfrac{X-40}{6}$으로 놓으면 확률변수 $Z$는 표준정규분포 $N(0, 1)$

을 따른다.

따라서

$P(31 \leq X \leq 52)$

$= P\left(\dfrac{31-40}{6} \leq \dfrac{X-40}{6} \leq \dfrac{52-40}{6}\right)$

$= P(-1.5 \leq Z \leq 2)$

$= P(0 \leq Z \leq 1.5) + P(0 \leq Z \leq 2)$

$= 0.4332 + 0.4772$

$= 0.9104$

**답** ③

## 개념 必 잡기

● **확률변수의 표준화**

확률변수 $X$가 정규분포 $N(m, \sigma^2)$을 따를 때

(1) 확률변수 $Z = \dfrac{X-m}{\sigma}$은 표준정규분포 $N(0, 1)$을 따른다.

확률변수 $X$를 표준정규분포 $N(0, 1)$을 따르는 확률변수 $Z$로 변환하는 것을 확률변수 $X$를 표준화한다고 한다.

(2) $P(a \leq X \leq b) = P\left(\dfrac{a-m}{\sigma} \leq Z \leq \dfrac{b-m}{\sigma}\right)$

---

25명을 채용하는 어느 회사의 입사시험에 1000명이 지원하였다. 이 입사시험의 성적은 정규분포를 이루고, 1000명의 입사시험 성적은 각각 $x_1, x_2, x_3, \cdots, x_{1000}$이다.

$$x_1 + x_2 + \cdots + x_{1000} = 60000$$
$$(x_1-60)^2 + (x_2-60)^2 + \cdots + (x_{1000}-60)^2$$
$$= 100000$$

일 때, 이 회사의 입사시험에 합격한 지원자의 입사시험 성적의 최솟값을 오른쪽 표준정규분포표를 이용하여 구한 것은? (단, 입사시험 성적의 동점자는 없다.)

| $z$ | $P(0 \leq Z \leq z)$ |
|-----|----------------------|
| 1.53 | 0.4370 |
| 1.96 | 0.4750 |
| 2.54 | 0.4945 |
| 2.75 | 0.4970 |
| 3.08 | 0.4990 |

① 75.3  ② 79.6  ③ 85.4
④ 87.5  ⑤ 90.8

## 수능 感 잡기

**문제 분석**

평균과 분산의 정의를 알고, 정규분포를 따르는 확률변수를 표준화하여 확률을 구할 수 있는지를 묻는 문제이다.

**+α 개념**

| [확률과 통계] 정규분포 | + | [확률과 통계] 평균과 분산 |
|---|---|---|

● **[확률과 통계] 평균과 분산**

확률변수 $X$의 평균을 $E(X) = m$이라 할 때, $(X-m)$을 편차라 한다. 편차의 합은 항상 0이므로 편차를 제곱한 값의 평균을 구하고, 그 값을 확률변수 $X$의 분산이라 한다.

즉, $V(X) = E((X-m)^2)$이다.

정리하면 $V(X) = E(X^2) - \{E(X)\}^2$이 성립한다.

## 풀이

**해결전략 ❶ $E(X)$와 $V(X)$ 구하기**

입사시험의 성적을 확률변수 $X$라 하면

$$\frac{1}{1000}(x_1+x_2+\cdots+x_{1000})=60\text{에서}$$

$$E(X)=60$$

$$\frac{1}{1000}\{(x_1-60)^2+(x_2-60)^2+\cdots+(x_{1000}-60)^2\}=100$$

에서

$$V(X)=100$$

**해결전략 ❷ 정규분포를 표준화하기**

확률변수 $X$는 정규분포 $N(60,\ 10^2)$을 따르고, $Z=\dfrac{X-60}{10}$

으로 놓으면 확률변수 $Z$는 표준정규분포 $N(0,\ 1)$을 따른다.

**해결전략 ❸ 입사시험 성적의 최솟값 구하기**

$\dfrac{25}{1000}=0.025$이므로 구하는 입사시험 성적의 최솟값을 $x$라

하면

$$P(X\geq x)\leq 0.025$$

$$P\left(\frac{X-60}{10}\geq\frac{x-60}{10}\right)\leq 0.025$$

$$P\left(Z\geq\frac{x-60}{10}\right)\leq 0.025$$

$$P\left(0\leq Z\leq\frac{x-60}{10}\right)\geq 0.5-0.025=0.475$$

$$\frac{x-60}{10}\geq 1.96$$

$$x\geq 60+10\times 1.96$$

따라서 $x\geq 79.6$이므로 입사시험에 합격한 지원자의 입사시험

성적의 최솟값은 79.6이다.

 ②

평균이 $m$, 표준편차가 $\sigma$인 정규분포를 따르는 확률변수 $X$가 다음 조건을 만족시킨다.

> (가) $P(X\geq 12)=P(X\leq 8)$
> (나) $E(X^2)=116$

확률변수 $Y$가 평균이 15, 표준편차가 3인 정규분포를 따를 때, $P(Y\leq 12)=P(X\geq a)$를 만족시키는 상수 $a$의 값은?

① 11      ② 12      ③ 13

④ 14      ⑤ 15

**문항 속 개념**

> [확률과 통계]
> 정규분포
>
> ＋
>
> [확률과 통계]
> 평균과 분산

**수능感 쌤의 수능 대비 한 마디!!**

평균과 분산의 정의를 기억해두고, 정규분포는 표준화해서 확률을 구하면 됩니다.

# 14-1

● 9545-0067

확률변수 $X$가 정규분포 $N(60, 10^2)$을 따를 때, $P((X-60)^2 \geq 100)$의 값을 오른쪽 표준정규분포표를 이용하여 구한 것은?

| $z$ | $P(0 \leq Z \leq z)$ |
|-----|----------------------|
| 0.5 | 0.1915 |
| 1.0 | 0.3413 |
| 1.5 | 0.4332 |
| 2.0 | 0.4772 |

① 0.0896　　② 0.1336　　③ 0.3174

④ 0.4672　　⑤ 0.6170

# 14-2

● 9545-0068

어느 고등학교 학생의 시력을 측정하였더니 평균이 0.7, 표준편차가 0.2인 정규분포를 따른다고 한다. 이 고등학교 학생 한 명을 임의로 택할 때, 이 학생의 시력이 0.6 이상 0.9 이하일 확률을 오른쪽 표준정규분포표를 이용하여 구한 것은?

| $z$ | $P(0 \leq Z \leq z)$ |
|-----|----------------------|
| 0.5 | 0.1915 |
| 1.0 | 0.3413 |
| 1.5 | 0.4332 |
| 2.0 | 0.4772 |

① 0.3830　　② 0.5328　　③ 0.7745

④ 0.8664　　⑤ 0.9104

# 14-3

9545-0069

어느 대학교에서 온라인 강좌로 운영하는 과목 A의 이번 학기 수강 인원은 200명이다. 과목 A의 시험 성적은 평균이 $m$, 표준편차가 $\sigma$인 정규분포를 따르고, 시험 성적이 $m+0.5\sigma$ 이상 $m+1.5\sigma$ 미만이면 B학점을 받는다고 한다. 이번 학기에 과목 A를 수강하는 200명 중 B학점을 받는 수강생은 약 몇 명인지 오른쪽 표준정규분포표를 이용하여 구한 것은?

| $z$ | $P(0 \leq Z \leq z)$ |
|-----|------|
| 0.5 | 0.1915 |
| 1.0 | 0.3413 |
| 1.5 | 0.4332 |
| 2.0 | 0.4772 |

① 44명 　　② 48명 　　③ 52명

④ 56명 　　⑤ 60명

# 14-4

9545-0070

어느 공장에서 생산되는 자동차 배터리의 무게는 평균이 20 kg, 표준편차가 1 kg인 정규분포를 따른다고 한다. 생산된 자동차 배터리 중 무게가 18.5 kg 이하이거나 22 kg 이상이면 불량품으로 판정하여 폐기 처분한다. 이 공장에서 생산된 2000개의 자동차 배터리 중 폐기 처분되는 것의 개수를 오른쪽 표준정규분포표를 이용하여 구한 것은?

| $z$ | $P(0 \leq Z \leq z)$ |
|-----|------|
| 0.5 | 0.19 |
| 1.0 | 0.34 |
| 1.5 | 0.43 |
| 2.0 | 0.48 |

① 160 　　② 170 　　③ 180

④ 190 　　⑤ 200

# 15 표본평균의 분포

모평균이 50, 모표준편차가 8인 정규분포를 따르는 모집단에서 크기가 16인 표본을 임의추출하여 얻은 표본평균을 $\overline{X}$라 하자. $P(47 \le \overline{X} \le 52)$의 값을 오른쪽 표준정규분포표를 이용하여 구한 것은?

| $z$ | $P(0 \le Z \le z)$ |
|---|---|
| 1.0 | 0.3413 |
| 1.5 | 0.4332 |
| 2.0 | 0.4772 |

① 0.6826　② 0.7745　③ 0.8185
④ 0.8664　⑤ 0.9104

**풀이**

모집단이 정규분포 $N(50, 8^2)$을 따르므로 크기가 16인 표본의 평균을 $\overline{X}$라 하면

$$E(\overline{X})=50,\ \sigma(\overline{X})=\frac{8}{\sqrt{16}}=2$$

이고 $\overline{X}$는 정규분포 $N(50, 2^2)$을 따른다.

따라서

$P(47 \le \overline{X} \le 52)$

$=P\left(\frac{47-50}{2} \le Z \le \frac{52-50}{2}\right)$

$=P(-1.5 \le Z \le 1)$

$=P(-1.5 \le Z \le 0)+P(0 \le Z \le 1)$

$=0.4332+0.3413$

$=0.7745$

답 ②

• **표본평균 $\overline{X}$의 분포**

모평균 $m$, 모표준편차 $\sigma$인 모집단에서 크기가 $n$인 표본을 임의추출할 때, 표본평균 $\overline{X}$에 대하여 다음이 성립한다.

(1) 모집단이 정규분포를 따르면 $\overline{X}$는 정규분포 $N\left(m, \frac{\sigma^2}{n}\right)$을 따른다.

(2) 모집단의 분포가 정규분포가 아닐 때에도 표본의 크기 $n$이 충분히 크면 $\overline{X}$는 근사적으로 정규분포 $N\left(m, \frac{\sigma^2}{n}\right)$을 따른다.

어느 공장에서 생산하는 운동화의 무게는 평균이 300 g, 표준편차가 10 g인 정규분포를 따른다고 한다. 이 공장에서 생산된 운동화 중 크기가 $n$인 표본을 임의추출하였을 때, 운동화의 무게의 평균을 $\overline{X}$라 하자. $P(\overline{X} \ge 298) \ge 0.8849$를 만족시키는 자연수 $n$의 최솟값을 오른쪽 표준정규분포표를 이용하여 구한 것은?

| $z$ | $P(0 \le Z \le z)$ |
|---|---|
| 1.0 | 0.3413 |
| 1.2 | 0.3849 |
| 1.4 | 0.4192 |
| 1.6 | 0.4452 |
| 1.8 | 0.4641 |

① 32　② 36　③ 40
④ 44　⑤ 48

**문제 분석**

모집단의 분포가 주어졌을 때, 표본평균의 분포를 이용하여 확률을 구하는 문제이다.

**+α 개념**

[확률과 통계] 표본평균의 분포 + [확률과 통계] 정규분포

• **[확률과 통계] 정규분포**

확률변수 $X$가 정규분포 $N(m, \sigma^2)$을 따를 때, 확률변수 $Z=\frac{X-m}{\sigma}$은 표준정규분포 $N(0, 1)$을 따른다.

## 풀이

**해결전략 ①   표본평균의 평균과 표준편차 구하기**

공장에서 생산하는 운동화의 무게를 확률변수 $X$라 하면 $X$는 정규분포 $N(300, 10^2)$을 따른다.

이때 크기가 $n$인 표본의 평균이 $\overline{X}$이면

$$E(\overline{X})=300,\ V(\overline{X})=\frac{10^2}{n}$$

이므로 $\overline{X}$는 정규분포 $N\left(300, \frac{10^2}{n}\right)$을 따르고, 확률변수

$$Z=\frac{\overline{X}-300}{\dfrac{10}{\sqrt{n}}}$$ 은 표준정규분포 $N(0, 1)$을 따른다.

**해결전략 ②   표준정규분포를 이용하여 $P(\overline{X} \geq 298) \geq 0.8849$를 만족시키는 $n$의 값 구하기**

$P(\overline{X} \geq 298) \geq 0.8849$에서

$$P\left(Z \geq \frac{298-300}{\dfrac{10}{\sqrt{n}}}\right) \geq 0.8849$$

$$P\left(Z \geq -\frac{\sqrt{n}}{5}\right) \geq 0.8849$$

$$P\left(-\frac{\sqrt{n}}{5} \leq Z \leq 0\right)+0.5 \geq 0.8849$$

$$P\left(-\frac{\sqrt{n}}{5} \leq Z \leq 0\right) \geq 0.3849$$

$$P\left(0 \leq Z \leq \frac{\sqrt{n}}{5}\right) \geq 0.3849$$

주어진 표준정규분포표에서

$P(0 \leq Z \leq 1.2)=0.3849$이므로

$$\frac{\sqrt{n}}{5} \geq 1.2$$

$$\sqrt{n} \geq 6$$

따라서 $n \geq 36$이므로 자연수 $n$의 최솟값은 36이다.

**답** ②

**수능 대비 한 마디!!**

모집단과 표본의 관계를 이용하여 평균과 분산을 구하고, 정규분포를 이용하여 확률을 계산하면 됩니다.

---

## 수능 유형 체크
◯ 9545-0071

어느 도시에 거주하는 시민의 한 달 동안 도서관 이용 시간은 평균이 80분, 표준편차가 12분인 정규분포를 따른다고 한다. 이 도시의 시민 36명을 임의추출하여 조사할 때, 한 달 동안 도서관 이용 시간의 평균이 85분 이하일 확률을 오른쪽 표준정규분포표를 이용하여 구한 것은?

| $z$ | $P(0 \leq Z \leq z)$ |
|---|---|
| 1.0 | 0.3413 |
| 1.5 | 0.4332 |
| 2.0 | 0.4772 |
| 2.5 | 0.4938 |

① 0.7745          ② 0.8332          ③ 0.9270

④ 0.9772          ⑤ 0.9938

---

**문항 속 개념**

**[확률과 통계]**
표본평균의 분포

+

**[확률과 통계]**
정규분포

## 15-1

● 9545-0072

1, 2, 3, 4의 숫자가 하나씩 적힌 4개의 공이 들어 있는 주머니에서 복원추출로 2개의 공을 꺼내어 2개의 공에 적힌 수의 평균을 $\overline{X}$라 할 때, $V(\overline{X})$의 값은?

① $\dfrac{1}{2}$  ② $\dfrac{5}{8}$  ③ $\dfrac{3}{4}$

④ $\dfrac{7}{8}$  ⑤ $1$

## 15-2

● 9545-0073

어느 공장에서 생산되는 음료수의 용량은 평균이 350 mL, 표준편차가 4 mL인 정규분포를 따른다고 한다. 이 공장에서 생산된 음료수 중 임의추출한 100개의 용량의 평균이 351 mL 이상일 확률을 오른쪽 표준정규분포표를 이용하여 구한 것은?

| $z$ | $P(0 \leq Z \leq z)$ |
|-----|----------------------|
| 1.0 | 0.3413 |
| 1.5 | 0.4332 |
| 2.0 | 0.4772 |
| 2.5 | 0.4938 |

① 0.0062  ② 0.0228  ③ 0.0290

④ 0.0668  ⑤ 0.1587

# 15-3

⊙ 9545-0074

어떤 과수원에서 생산된 사과의 무게는 평균이 300 g, 표준편차가 8 g인 정규분포를 따른다고 한다. 이 과수원에서 생산된 $n$개의 사과를 임의추출하여 그 무게의 평균을 $\overline{X}$라 할 때, $P(\overline{X} \leq 302) \geq 0.9772$를 만족시키는 자연수 $n$의 최솟값을 오른쪽 표준정규분포표를 이용하여 구한 것은?

| $z$ | $P(0 \leq Z \leq z)$ |
|-----|------|
| 0.5 | 0.1915 |
| 1.0 | 0.3413 |
| 1.5 | 0.4332 |
| 2.0 | 0.4772 |

① 36        ② 52        ③ 64

④ 72        ⑤ 81

# 15-4

⊙ 9545-0075

모집단의 확률변수 $X$가 평균이 $m$, 표준편차가 $\sigma$인 정규분포를 따르고, 이 모집단에서 크기가 16인 표본을 임의추출할 때, 표본평균을 $\overline{X}$라 하면 $4E(\overline{X}^2) = E(X^2)$을 만족시킨다. $P(\overline{X} \leq \sigma)$의 값을 오른쪽 표준정규분포표를 이용하여 구한 것은?

(단, $m > 0$)

| $z$ | $P(0 \leq Z \leq z)$ |
|-----|------|
| 1.0 | 0.3413 |
| 1.5 | 0.4332 |
| 2.0 | 0.4772 |
| 2.5 | 0.4938 |

① 0.4338        ② 0.6915        ③ 0.8185

④ 0.9332        ⑤ 0.9772

## 내신 유형

어느 공장에서 생산하는 전구의 수명은 표준편차가 5시간인 정규분포를 따른다고 한다. 이 공장에서 생산된 전구 100개를 임의추출하여 그 수명을 조사하였더니 평균이 50시간이었을 때, 이 공장에서 생산되는 전구의 수명의 평균 $m$에 대한 신뢰도 95 %의 신뢰구간은? (단, $Z$가 표준정규분포를 따르는 확률변수일 때, $\mathrm{P}(0 \leq Z \leq 1.96) = 0.4750$으로 계산한다.)

① $49.20 \leq m \leq 50.80$     ② $49.12 \leq m \leq 50.88$

③ $49.08 \leq m \leq 50.92$     ④ $49.02 \leq m \leq 50.98$

⑤ $48.98 \leq m \leq 51.02$

**풀이**

이 공장에서 생산되는 전구의 수명의 평균 $m$에 대한 신뢰도 95 %의 신뢰구간은

$$50 - 1.96 \times \frac{5}{\sqrt{100}} \leq m \leq 50 + 1.96 \times \frac{5}{\sqrt{100}}$$

따라서

$$49.02 \leq m \leq 50.98$$

**답** ④

## 수능 유형

모표준편차가 1인 정규분포를 따르는 모집단에서 크기 $n$인 표본을 임의추출하여 구한 표본평균을 $\overline{X}$, 모평균 $m$에 대한 신뢰도 95 %의 신뢰구간을 $a_n \leq m \leq b_n$이라 하자. 〈보기〉에서 옳은 것만을 있는 대로 고른 것은? (단, $Z$가 표준정규분포를 따르는 확률변수일 때, $\mathrm{P}(0 \leq Z \leq 1.96) = 0.4750$으로 계산한다.)

**보기**

ㄱ. $b_4 - a_4 = 1.96$

ㄴ. $(b_4 - a_4)^2 = 4(b_8 - a_8)^2$

ㄷ. $b_n - a_n \leq 0.5$이기 위한 자연수 $n$의 최솟값은 62이다.

① ㄱ    ② ㄱ, ㄴ    ③ ㄱ, ㄷ

④ ㄴ, ㄷ    ⑤ ㄱ, ㄴ, ㄷ

### 수능 感 잡기

**문제 분석**

표본의 크기에 따른 신뢰구간의 변화를 묻는 문제이다.

**+α 개념**

[확률과 통계] 모평균의 추정 **+** [확률과 통계] 표본평균의 분포

• **[확률과 통계] 표본평균의 분포**

모평균이 $m$, 모분산이 $\sigma^2$인 모집단에서 크기가 $n$인 표본을 임의추출할 때, 표본평균 $\overline{X}$에 대하여

$$\mathrm{E}(\overline{X}) = m, \ \mathrm{V}(\overline{X}) = \frac{\sigma^2}{n}, \ \sigma(\overline{X}) = \frac{\sigma}{\sqrt{n}}$$

### 개념 必 잡기

• **모평균 $m$의 신뢰구간**

정규분포 $\mathrm{N}(m, \sigma^2)$을 따르는 모집단에서 임의추출한 크기 $n$인 표본의 표본평균의 값이 $\overline{x}$일 때, 모평균 $m$에 대한 신뢰구간은 다음과 같다.

(1) 신뢰도 95 %의 신뢰구간

$$\overline{x} - 1.96 \times \frac{\sigma}{\sqrt{n}} \leq m \leq \overline{x} + 1.96 \times \frac{\sigma}{\sqrt{n}}$$

(2) 신뢰도 99 %의 신뢰구간

$$\overline{x} - 2.58 \times \frac{\sigma}{\sqrt{n}} \leq m \leq \overline{x} + 2.58 \times \frac{\sigma}{\sqrt{n}}$$

## 풀이

**해결전략 ①** $n=4$일 때 ㄱ의 참, 거짓 판별하기

ㄱ. $n=4$일 때 모평균 $m$에 대한 신뢰도 95 %의 신뢰구간은

$$\overline{X}-1.96\times\frac{1}{\sqrt{4}}\leq m\leq \overline{X}+1.96\times\frac{1}{\sqrt{4}}$$

이므로

$$b_4-a_4=2\times1.96\times\frac{1}{\sqrt{4}}=1.96 \ (참)$$

**해결전략 ②** $n=8$일 때 ㄴ의 참, 거짓 판별하기

ㄴ. 표본의 크기가 $n$일 때

$$b_n-a_n=2\times1.96\times\frac{1}{\sqrt{n}}$$

이므로

$$b_{2n}-a_{2n}=2\times1.96\times\frac{1}{\sqrt{2n}}=\frac{1}{\sqrt{2}}(b_n-a_n)$$

이다. 즉,

$$(b_n-a_n)^2=2(b_{2n}-a_{2n})^2$$

이므로 $n=4$일 때

$$(b_4-a_4)^2=2(b_8-a_8)^2 \ (거짓)$$

**해결전략 ③** 주어진 신뢰구간의 길이에 대한 부등식을 만족시키는 $n$의 값 구하기

ㄷ. $b_n-a_n=2\times1.96\times\frac{1}{\sqrt{n}}$이므로

$$2\times1.96\times\frac{1}{\sqrt{n}}\leq0.5$$

$$\sqrt{n}\geq\frac{2\times1.96}{0.5}=7.84$$

즉, $n\geq61.4\cdots$이므로 자연수 $n$의 최솟값은 62이다. (참)

따라서 옳은 것은 ㄱ, ㄷ이다.

**답** ③

 수능 대비 한 마디!!

표본의 크기가 커지면 신뢰구간의 길이가 짧아짐을 알고 있어야 합니다.

**수능 유형 체크** · 9545-0076

어느 공장에서 생산하는 장난감의 무게는 표준편차가 4 g인 정규분포를 따른다고 한다. 이 공장에서 생산하는 장난감의 무게의 평균을 신뢰도 99 %로 추정하려고 할 때, 모평균과 표본평균의 차를 1 g 이하가 되도록 표본의 크기 $n$을 정하려고 한다. 자연수 $n$의 최솟값은?
(단, $Z$가 표준정규분포를 따르는 확률변수일 때, $P(0\leq Z\leq2.58)=0.4950$으로 계산한다.)

① 98     ② 101     ③ 104
④ 107     ⑤ 110

**문항 속 개념**

[확률과 통계] 모평균의 추정 **+** [확률과 통계] 표본평균의 분포

## 16-1

○ 9545-0077

모표준편차가 6인 모집단에서 크기가 $n$인 표본을 임의추출하여 95 %의 신뢰도로 모평균 $m$을 추정하려고 한다. 신뢰구간이 $a \leq m \leq b$일 때, $b - a \leq 2$이기 위한 표본의 크기 $n$의 최솟값은? (단, $Z$가 표준정규분포를 따르는 확률변수일 때, $P(0 \leq Z \leq 1.96) = 0.4750$으로 계산한다.)

① 135        ② 139        ③ 143
④ 147        ⑤ 151

## 16-2

○ 9545-0078

어느 제약회사에서 생산되는 약품의 효과의 지속시간은 정규분포를 따른다고 한다. 이 제약회사에서 생산된 약품 중 임의추출한 100개의 표본의 효과의 지속시간은 평균이 40시간, 표준편차가 3시간이었다. 이 제약회사에서 생산되는 약품 전체의 효과의 지속시간의 평균 $m$에 대한 신뢰도 95 %의 신뢰구간은?
(단, $Z$가 표준정규분포를 따르는 확률변수일 때, $P(0 \leq Z \leq 1.96) = 0.4750$으로 계산한다.)

① $39.708 \leq m \leq 40.292$    ② $39.412 \leq m \leq 40.588$
③ $39.314 \leq m \leq 40.686$    ④ $39.216 \leq m \leq 40.784$
⑤ $39.118 \leq m \leq 40.882$

## 16-3
9545-0079

어느 도시의 1인당 연간 독서량은 표준편차가 2권인 정규분포를 따른다고 한다. 이 도시의 시민 중 임의로 $n$명을 뽑아 조사한 1인당 연간 독서량의 평균이 8.5권일 때, 이 도시의 시민 전체의 1인당 연간 독서량의 평균 $m$을 신뢰도 99 %로 추정한 신뢰구간이 $8.156 \leq m \leq 8.844$이다. 표본의 크기 $n$의 값을 구하시오. (단, $Z$가 표준정규분포를 따르는 확률변수일 때, $\mathrm{P}(0 \leq Z \leq 2.58)=0.4950$으로 계산한다.)

## 16-4
9545-0080

어느 회사에서 생산하는 태블릿 PC의 무게는 표준편차가 20 g인 정규분포를 따른다고 한다. 이 회사에서 생산하는 태블릿 PC 중에서 $n$개를 임의추출하여 이 회사에서 생산하는 태블릿 PC의 무게의 평균 $m$을 신뢰도 99 %로 추정한 신뢰구간이 $a \leq m \leq b$이었다. $b-a$의 값이 10 이하가 되도록 하는 자연수 $n$의 최솟값을 구하시오. (단, $Z$가 표준정규분포를 따르는 확률변수일 때, $\mathrm{P}(|Z| \leq 3)=0.99$로 계산한다.)

# [표준정규분포표]

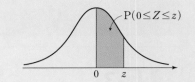

$P(0 \le Z \le z)$

| z | 0 | 1 | 2 | 3 | 4 | 5 | 6 | 7 | 8 | 9 |
|---|---|---|---|---|---|---|---|---|---|---|
| 0.0 | .0000 | .0040 | .0080 | .0120 | .0160 | .0199 | .0239 | .0279 | .0319 | .0359 |
| 0.1 | .0398 | .0438 | .0478 | .0517 | .0557 | .0596 | .0636 | .0675 | .0714 | .0753 |
| 0.2 | .0793 | .0832 | .0871 | .0910 | .0948 | .0987 | .1026 | .1064 | .1103 | .1141 |
| 0.3 | .1179 | .1217 | .1255 | .1293 | .1331 | .1368 | .1406 | .1443 | .1480 | .1517 |
| 0.4 | .1554 | .1591 | .1628 | .1664 | .1700 | .1736 | .1772 | .1808 | .1844 | .1879 |
| 0.5 | .1915 | .1950 | .1985 | .2019 | .2054 | .2088 | .2123 | .2157 | .2190 | .2224 |
| 0.6 | .2257 | .2291 | .2324 | .2357 | .2389 | .2422 | .2454 | .2486 | .2517 | .2549 |
| 0.7 | .2580 | .2611 | .2642 | .2673 | .2704 | .2734 | .2764 | .2794 | .2823 | .2852 |
| 0.8 | .2881 | .2910 | .2939 | .2967 | .2995 | .3023 | .3051 | .3078 | .3106 | .3133 |
| 0.9 | .3159 | .3186 | .3212 | .3238 | .3264 | .3289 | .3315 | .3340 | .3365 | .3389 |
| 1.0 | .3413 | .3438 | .3461 | .3485 | .3508 | .3531 | .3554 | .3577 | .3599 | .3621 |
| 1.1 | .3643 | .3665 | .3686 | .3708 | .3729 | .3749 | .3770 | .3790 | .3810 | .3830 |
| 1.2 | .3849 | .3869 | .3888 | .3907 | .3925 | .3944 | .3962 | .3980 | .3997 | .4015 |
| 1.3 | .4032 | .4049 | .4066 | .4082 | .4099 | .4115 | .4131 | .4147 | .4162 | .4177 |
| 1.4 | .4192 | .4207 | .4222 | .4236 | .4251 | .4265 | .4279 | .4292 | .4306 | .4319 |
| 1.5 | .4332 | .4345 | .4357 | .4370 | .4382 | .4394 | .4406 | .4418 | .4429 | .4441 |
| 1.6 | .4452 | .4463 | .4474 | .4484 | .4495 | .4505 | .4515 | .4525 | .4535 | .4545 |
| 1.7 | .4554 | .4564 | .4573 | .4582 | .4591 | .4599 | .4608 | .4616 | .4625 | .4633 |
| 1.8 | .4641 | .4649 | .4656 | .4664 | .4671 | .4678 | .4686 | .4693 | .4699 | .4706 |
| 1.9 | .4713 | .4719 | .4726 | .4732 | .4738 | .4744 | .4750 | .4756 | .4761 | .4767 |
| 2.0 | .4772 | .4778 | .4783 | .4788 | .4793 | .4798 | .4803 | .4808 | .4812 | .4817 |
| 2.1 | .4821 | .4826 | .4830 | .4834 | .4838 | .4842 | .4846 | .4850 | .4854 | .4857 |
| 2.2 | .4861 | .4864 | .4868 | .4871 | .4875 | .4878 | .4881 | .4884 | .4887 | .4890 |
| 2.3 | .4893 | .4896 | .4898 | .4901 | .4904 | .4906 | .4909 | .4911 | .4913 | .4916 |
| 2.4 | .4918 | .4920 | .4922 | .4925 | .4927 | .4929 | .4931 | .4932 | .4934 | .4936 |
| 2.5 | .4938 | .4940 | .4941 | .4943 | .4945 | .4946 | .4948 | .4949 | .4951 | .4952 |
| 2.6 | .4953 | .4955 | .4956 | .4957 | .4959 | .4960 | .4961 | .4962 | .4963 | .4964 |
| 2.7 | .4965 | .4966 | .4967 | .4968 | .4969 | .4970 | .4971 | .4972 | .4973 | .4974 |
| 2.8 | .4974 | .4975 | .4976 | .4977 | .4977 | .4978 | .4979 | .4979 | .4980 | .4981 |
| 2.9 | .4981 | .4982 | .4982 | .4983 | .4984 | .4984 | .4985 | .4985 | .4986 | .4986 |
| 3.0 | .4987 | .4987 | .4987 | .4988 | .4988 | .4989 | .4989 | .4989 | .4990 | .4990 |
| 3.1 | .4990 | .4991 | .4991 | .4991 | .4992 | .4992 | .4992 | .4992 | .4993 | .4993 |
| 3.2 | .4993 | .4993 | .4994 | .4994 | .4994 | .4994 | .4994 | .4995 | .4995 | .4995 |
| 3.3 | .4995 | .4995 | .4995 | .4996 | .4996 | .4996 | .4996 | .4996 | .4996 | .4997 |
| 3.4 | .4997 | .4997 | .4997 | .4997 | .4997 | .4997 | .4997 | .4997 | .4997 | .4998 |

memo

memo

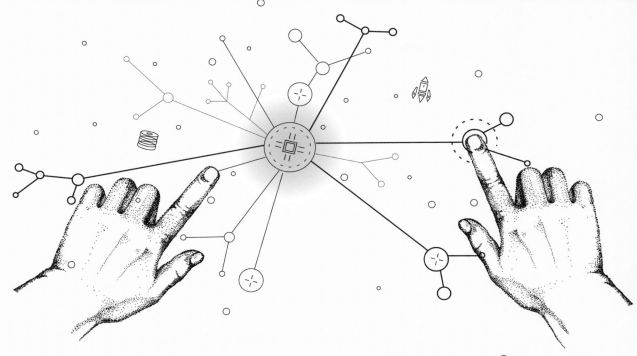

# 올림포스

## [국어, 영어, 수학의 EBS 대표 교재, 올림포스]

2015 개정 교육과정에 따른 모든 교과서의 기본 개념 정리
내신과 수능을 대비하는 다양한 평가 문항
수행평가 대비 코너 제공

국어, 영어, 수학은 EBS 올림포스로 끝낸다.

## [올림포스 16책]

국어 영역 : 국어, 현대문학, 고전문학, 독서, 언어와 매체, 화법과 작문
영어 영역 : 독해의 기본1, 독해의 기본2, 구문 연습 300
수학 영역 : 수학(상), 수학(하), 수학Ⅰ, 수학Ⅱ, 미적분, 확률과 통계, 기하

# EBS

## 수능 감 感 잡기

정답과
풀이

수학영역
확률과 통계

내신에서 수능으로 연결되는 포인트를 잡는 학습 전략

**내신형 문항**
내신 유형의 문항으로
익히는 개념과 해결법

**동일한
소재·유형**

**수능형 문항**
수능 유형의 문항을
통해 익숙해지는 수능

# 상위권의, 상위권에 의한, 상위권을 위한 교재

# 올림포스 고난도

## [ 진짜 상위권이 되려면 이 정도는 풀어야 한다 ]

등급을 가르는 고난도 문항
내신 기출 문항을 토대로 실전 대비용 고난도 문항
문항을 입체적으로 이해할 수 있는 명쾌한 해설

## [올림포스 고난도 5책]

수학 · 수학 I · 수학 II · 미적분 · 확률과 통계

EBS 수능 감 잡기 **확률과 통계**

# 정답과 풀이

# Ⅰ. 순열과 조합

## 01 원순열과 중복순열

**수능 유형 체크**       본문 7쪽

조건 (가)에서 $x^2+y^2+z^2+2xy+2yz+2zx=(x+y+z)^2$
이고 $(x+y+z)^2$이 짝수이므로 $x+y+z$는 짝수이다.
이때 (나)에서 $xy$는 홀수이므로 $x$도 홀수, $y$도 홀수이다.
그러므로 $z$는 짝수이다.
따라서 $x$가 홀수, $y$가 홀수인 경우의 수는 홀수 1, 3, 5, 7의
4개 중 2개를 택하는 중복순열의 수이므로
$_4\Pi_2=4^2=16$
이 각각에 대하여 $z$가 짝수인 경우의 수는 2, 4, 6의 3개 중에
1개를 택하는 경우의 수이므로
3
따라서 구하는 경우의 수는
$16\times3=48$

                    답 48

**수능의 감을 쑥쑥 키워주는 수능 유제**       본문 8~9쪽

| 01-1 | ③ | 01-2 | ② | 01-3 | 150 | 01-4 | 30 |

### 01-1

$_n\Pi_3=_nP_2+21\times_nP_1$에서
$n^3=n(n-1)+21n$
$n^3-n^2-20n=0$
$n(n^2-n-20)=0$
$n(n+4)(n-5)=0$
이때 $n$은 2 이상의 자연수이므로
$n=5$

                    답 ③

### 01-2

서로 다른 6개를 원형으로 배열하는 원순열의 수이므로
$(6-1)!=5!=120$

                    답 ②

### 01-3

$Y=\{f(x)\,|\,x\in X\}$이므로
함수 $f$의 치역과 공역이 일치해야 한다.
$X$에서 $Y$로의 함수 $f$의 개수는
$_3\Pi_5=3^5=243$
이때 치역의 원소의 개수가 2인 함수 $f$의 개수는
$3\times(_2\Pi_5-2)=3\times30=90$
또, 치역의 원소의 개수가 1인 함수 $f$의 개수는
3
따라서 조건을 만족시키는 함수 $f$의 개수는
$243-90-3=150$

                    답 150

### 01-4

(ⅰ) 빨간색을 칠한 면과 파란색을 칠한 면이 이웃하도록 칠하는
경우
남은 네 면의 위치는 모두 서로 다른 경우이므로 경우의 수
는 나머지 4가지 색을 일렬로 배열하는 경우의 수와 같다.
그러므로 $m=4!=24$
(ⅱ) 빨간색을 칠한 면과 파란색을 칠한 면이 마주 보도록 칠하
는 경우
남은 네 면의 위치는 원형으로 되어 있으므로 경우의 수는
나머지 4가지 색을 원형으로 배열하는 경우의 수와 같다.
그러므로 $n=(4-1)!=3!=6$
따라서 (ⅰ), (ⅱ)에서 $m+n=24+6=30$

                    답 30

# 02 같은 것이 있는 순열

(i) A가 적힌 카드가 3장 포함된 경우

　　다른 2장의 카드를 뽑는 경우의 수는 $_5C_2=10$

　　5장의 카드를 일렬로 나열하는 경우의 수는 $\dfrac{5!}{3!}=20$

　　따라서 문자열의 개수는 $10\times20=200$

(ii) A가 적힌 카드가 2장 포함된 경우

　　다른 3장의 카드를 뽑는 경우의 수는 $_5C_3=10$

　　5장의 카드를 일렬로 나열하는 경우의 수는 $\dfrac{5!}{2!}=60$

　　따라서 문자열의 개수는 $10\times60=600$

(iii) A가 적힌 카드가 1장 포함되거나 없는 경우

　　A, B, C, D, E, F가 적힌 6장의 카드에서 5장의 카드를
　　뽑는 경우의 수는 $_6C_5=6$

　　5장의 카드를 일렬로 나열하는 경우의 수는 $5!=120$

　　따라서 문자열의 개수는 $6\times120=720$

(i), (ii), (iii)에서 서로 다른 문자열의 개수는

$200+600+720=1520$

**답** ⑤

| 02-1 | ③ | 02-2 | 180 | 02-3 | ⑤ | 02-4 | ⑤ |
|------|---|------|-----|------|---|------|---|

## 02-1

A지점에서 B지점까지 가려면 다음 그림의 P지점 또는 Q지점을 반드시 지나가야 한다.

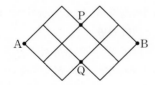

(i) A지점에서 P지점을 지나 B지점까지 최단거리로 가는 경우의 수는

$\dfrac{3!}{2!}\times\dfrac{3!}{2!}=3\times3=9$

(ii) A지점에서 Q지점을 지나 B지점까지 최단거리로 가는 경우의 수는

$\dfrac{3!}{2!}\times\dfrac{3!}{2!}=3\times3=9$

따라서 (i), (ii)에서 구하는 경우의 수는 합의 법칙에 의하여

$9+9=18$

**답** ③

## 02-2

숫자 3이 두 개, 숫자 4가 두 개이므로

숫자 1, 2, 3, 3, 4, 4를 일렬로 나열하는 경우의 수는

$\dfrac{6!}{2!\times2!}=180$

**답** 180

## 02-3

$f(1)\times f(2)\times f(3)\times f(4)\times f(5)=4$

이므로 $f(1)$, $f(2)$, $f(3)$, $f(4)$, $f(5)$의 값은 다음 각 경우로 나눌 수 있다.

(i) $f(1)$, $f(2)$, $f(3)$, $f(4)$, $f(5)$의 값이 1이 4개, 4가 1개인 경우

　　함수의 개수는

　　$\dfrac{5!}{4!}=5$

(ii) $f(1)$, $f(2)$, $f(3)$, $f(4)$, $f(5)$의 값이 1이 3개, 2가 2개인 경우

　　함수의 개수는

　　$\dfrac{5!}{3!\times2!}=10$

따라서 (i), (ii)에서 구하는 함수의 개수는 합의 법칙에 의하여

$5+10=15$

**답** ⑤

## 02-4

문자 A, B, C가 적힌 카드를 모두 문자 Z가 적힌 카드라 생각하면

구하는 경우의 수는 문자 Z, Z, Z, X, X, Y, Y가 하나씩 적힌 7장의 카드를 일렬로 나열하는 경우의 수와 같다.

따라서 구하는 경우의 수는

$\dfrac{7!}{3!\times2!\times2!}=210$

**답** ⑤

## 03 중복조합

조건 (나)에서

$$\frac{x_1+x_2+x_3}{3}=\frac{10}{3}$$

즉, $x_1+x_2+x_3=10$

따라서 조건 (가), (나)를 만족시키는 세 수 $x_1$, $x_2$, $x_3$의 순서쌍 $(x_1, x_2, x_3)$의 개수는 서로 다른 3개에서 중복을 허락하여 10개를 택하는 중복조합의 수와 같으므로

$$_3H_{10}=_{3+10-1}C_{10}=_{12}C_{10}=_{12}C_2=66$$

답 ④

| 03-1 | ③ | 03-2 | ④ | 03-3 | ③ | 03-4 | 465 |
|------|---|------|---|------|---|------|-----|

## 03-1

$(x+y+z)^6$의 전개식의 항을 $x^a y^b z^c$라 하면

$a+b+c=6$ ($a$, $b$, $c$는 음이 아닌 정수)

방정식 $a+b+c=6$을 만족시키는 음이 아닌 정수 $a$, $b$, $c$의 모든 순서쌍 $(a, b, c)$의 개수는 서로 다른 3개에서 중복을 허락하여 6개를 택하는 중복조합의 수와 같다.

따라서 구하는 경우의 수는

$$_3H_6=_{3+6-1}C_6=_8C_6=_8C_2=28$$

답 ③

## 03-2

부등식 $x+y+z \leq n$을 만족시키는 자연수 $x$, $y$, $z$의 모든 순서쌍 $(x, y, z)$의 개수는

방정식 $x+y+z+w=n$을 만족시키는 자연수 $x$, $y$, $z$와 음이 아닌 정수 $w$의 모든 순서쌍 $(x, y, z, w)$의 개수와 같다.

음이 아닌 정수 $x'$, $y'$, $z'$에 대하여

$x=x'+1$, $y=y'+1$, $z=z'+1$로 놓으면

$f(n)$은 방정식 $x'+y'+z'+w=n-3$을 만족시키는 음이 아닌 정수 $x'$, $y'$, $z'$, $w$의 모든 순서쌍 $(x', y', z', w)$의 개수이다.

따라서 $f(n)=_4H_{n-3}=_nC_{n-3}=_nC_3=\dfrac{n(n-1)(n-2)}{6}$이므로

$f(5)+f(6)+f(7)=10+20+35=65$

답 ④

## 03-3

(i) 서로 다른 3개의 상자 A, B, C에 들어가는 검은 공의 개수를 각각 $a$, $b$, $c$라 하면

$a+b+c=5$ ($a$, $b$, $c$는 음이 아닌 정수)     …… ㉠

방정식 ㉠을 만족시키는 해 $a$, $b$, $c$의 순서쌍 $(a, b, c)$의 개수는 서로 다른 3개에서 중복을 허락하여 5개를 택하는 중복조합의 수와 같으므로

$$_3H_5=_{3+5-1}C_5=_7C_5=_7C_2=21$$

이때 어느 한 상자에 5개의 검은 공이 모두 들어가는 경우의 수는 3가지이므로 문제의 조건에 맞게 검은 공을 나누어 넣는 경우의 수는

$21-3=18$

(ii) 서로 다른 3개의 상자 A, B, C에 들어가는 흰 공의 개수를 각각 $a'$, $b'$, $c'$이라 하면

$a'+b'+c'=3$ ($a'$, $b'$, $c'$은 음이 아닌 정수)     …… ㉡

방정식 ㉡을 만족시키는 해 $a'$, $b'$, $c'$의 순서쌍 $(a', b', c')$의 개수는 서로 다른 3개에서 중복을 허락하여 3개를 택하는 중복조합의 수와 같으므로

$$_3H_3=_{3+3-1}C_3=_5C_3=_5C_2=10$$

따라서 (i), (ii)에서 구하는 경우의 수는

$18 \times 10=180$

답 ③

## 03-4

연필을 받은 학생의 수에 따라 다음과 같이 나누어 생각할 수 있다.

(i) 연필을 3명의 학생에게 1자루 이상씩 나누어 주는 경우

연필 6자루를 3명의 학생에게 1자루 이상씩 나누어 주는 경우의 수는 3명의 학생에게 연필 1자루씩 미리 나누어 주고 남은 연필 3자루를 3명의 학생에게 나누어 주면 되므로 경우의 수는

$$_3H_3 = {}_5C_3 = {}_5C_2 = 10$$

이고, 이때 지우개 5개를 3명의 학생에게 나누어 주는 경우의 수는

$$_3H_5 = {}_7C_5 = {}_7C_2 = 21$$

그러므로 경우의 수는

$$10 \times 21 = 210$$

(ii) 연필을 2명의 학생에게만 1자루 이상씩 나누어 주는 경우

연필을 받을 2명의 학생을 택하는 경우의 수는

$$_3C_2 = 3$$

연필 6자루를 이 2명의 학생에게 1자루 이상씩 나누어 주는 경우의 수는 2명의 학생에게 연필 1자루씩 미리 나누어 주고 남은 연필 4자루를 2명의 학생에게 나누어 주면 되므로 경우의 수는

$$_2H_4 = {}_5C_4 = {}_5C_1 = 5$$

이고, 이때 지우개 5개 중 1개를 남은 1명의 학생에게 미리 나누어 주고 남은 지우개 4개를 3명의 학생에게 나누어 주는 경우의 수는

$$_3H_4 = {}_6C_4 = {}_6C_2 = 15$$

그러므로 경우의 수는

$$3 \times 5 \times 15 = 225$$

(iii) 연필을 1명의 학생에게 모두 주는 경우

연필을 받을 1명의 학생을 택하는 경우의 수는

$$_3C_1 = 3$$

연필을 받지 않은 2명의 학생에게 지우개를 1개씩 미리 나누어 주고 남은 지우개 3개를 3명의 학생에게 나누어 주는 경우의 수는

$$_3H_3 = {}_5C_3 = {}_5C_2 = 10$$

그러므로 경우의 수는

$$3 \times 10 = 30$$

따라서 (i), (ii), (iii)에서 구하는 경우의 수는

$$210 + 225 + 30 = 465$$

**답** 465

## 04 이항정리

$$(1+x)^{2n} = {}_{2n}C_0 + {}_{2n}C_1 x^1 + {}_{2n}C_2 x^2 + \cdots + {}_{2n}C_{2n} x^{2n} \quad \cdots\cdots \text{㉠}$$

㉠에 $x=1$을 대입하면

$$(1+1)^{2n} = 2^{2n}$$
$$= {}_{2n}C_0 + {}_{2n}C_1 + {}_{2n}C_2 + \cdots + {}_{2n}C_{2n} \quad \cdots\cdots \text{㉡}$$

㉠에 $x=-1$을 대입하면

$$(1-1)^{2n} = 0$$
$$= {}_{2n}C_0 - {}_{2n}C_1 + {}_{2n}C_2 - \cdots + {}_{2n}C_{2n} \quad \cdots\cdots \text{㉢}$$

㉡, ㉢을 변끼리 더하면

$$2^{2n} = 2({}_{2n}C_0 + {}_{2n}C_2 + {}_{2n}C_4 + \cdots + {}_{2n}C_{2n})$$

즉, $f(n) = 2^{2n-1}$

따라서 $f(10) \times f(20) = 2^{19} \times 2^{39} = 2^{58}$

즉, $k = 58$

**답** 58

| 04-1 | ② | 04-2 | 19 | 04-3 | ② | 04-4 | 21 |
|------|---|------|----|------|---|------|----|

## 04-1

$(a+x^2)^{10}$을 전개하면 각 항은

$${}_{10}C_0 a^{10}, \quad {}_{10}C_r a^{10-r}(x^2)^r, \quad {}_{10}C_{10} x^{20} \ (r=1,\ 2,\ \cdots,\ 9)$$

$x^{10}$의 계수는 $x^{2r} = x^{10}$일 때의 계수이므로

$2r = 10$에서 $r = 5$

$${}_{10}C_5 a^{10-5} = 252a^5$$

따라서 $x^{10}$의 계수가 504이므로

$252a^5 = 504$에서 $a^5 = 2$

즉, $a^{10} = (a^5)^2 = 4$

**답** ②

## 04-2

$_n\mathrm{C}_0 + _n\mathrm{C}_1 + _n\mathrm{C}_2 + _n\mathrm{C}_3 + \cdots + _n\mathrm{C}_{n-1} + _n\mathrm{C}_n = 2^n$이므로

$_n\mathrm{C}_1 + _n\mathrm{C}_2 + _n\mathrm{C}_3 + \cdots + _n\mathrm{C}_{n-1} = 2^n - 2$

즉 $502 \leq 2^n \leq 1502$

따라서 $2^9 = 512$, $2^{10} = 1024$이므로

주어진 부등식을 만족시키는 자연수 $n$의 값은 9, 10이고,

그 합은 $9 + 10 = 19$이다.

🖉 19

## 04-3

$\left(ax + \dfrac{1}{ax}\right)^5$을 전개하면 각 항은

$(ax)^5$, $_5\mathrm{C}_r (ax)^{5-r} \left(\dfrac{1}{ax}\right)^r$, $\left(\dfrac{1}{ax}\right)^5$ ($r = 1, 2, 3, 4$)

이때 $_5\mathrm{C}_r (ax)^{5-r} \left(\dfrac{1}{ax}\right)^r = _5\mathrm{C}_r \times \dfrac{a^{5-r}}{a^r} \times \dfrac{x^{5-r}}{x^r}$이고,

$x$의 계수는 $\dfrac{x^{5-r}}{x^r} = x$일 때의 계수이므로

$x^{5-r} = x^{1+r}$에서 $r = 2$

$x^3$의 계수는 $\dfrac{x^{5-r}}{x^r} = x^3$일 때의 계수이므로

$x^{5-r} = x^{3+r}$에서 $r = 1$

따라서 $_5\mathrm{C}_2 \times \dfrac{a^3}{a^2} = _5\mathrm{C}_1 \times \dfrac{a^4}{a}$에서

$10a = 5a^3$, $a^2 = 2$

즉, $a > 0$이므로 $a = \sqrt{2}$

🖉 ②

## 04-4

이항정리에 의하여

$(1+x)^7 = _7\mathrm{C}_0 + _7\mathrm{C}_1 x + _7\mathrm{C}_2 x^2 + _7\mathrm{C}_3 x^2 + \cdots + _7\mathrm{C}_7 x^7$

이므로 이 식에 $x = 7$을 대입하면

$(1+7)^7 = _7\mathrm{C}_0 + 7 \times _7\mathrm{C}_1 + 7^2 \times _7\mathrm{C}_2 + 7^3 \times _7\mathrm{C}_3 + \cdots + 7^7 \times _7\mathrm{C}_7$

따라서

$_7\mathrm{C}_0 + 7 \times _7\mathrm{C}_1 + 7^2 \times _7\mathrm{C}_2 + 7^3 \times _7\mathrm{C}_3 + \cdots + 7^7 \times _7\mathrm{C}_7 = 8^7 = 2^{21}$

이므로 구하는 자연수 $n$의 값은 21이다.

🖉 21

---

Ⅱ. 확률

## 05 확률

**수능 유형 체크**      본문 23쪽

9명이 두 자동차 A, B에 나누어 타는 경우의 수는

$_9\mathrm{C}_4 \times _5\mathrm{C}_5 = 126 \times 1 = 126$

갑과 을이 다른 자동차에 타는 경우의 수는

2

나머지 7명이 두 자동차 A, B에 나누어 타는 경우의 수는

$_7\mathrm{C}_3 \times _4\mathrm{C}_4 = 35 \times 1 = 35$

따라서 구하는 확률은

$\dfrac{2 \times 35}{126} = \dfrac{5}{9}$

🖉 ①

**수능의 감을 쑥쑥 키워주는 수능 유제**      본문 24~25쪽

| 05-1 | ① | 05-2 | ① | 05-3 | ① | 05-4 | 14 |
|------|---|------|---|------|---|------|----|

## 05-1

10개의 공을 원형으로 배열하는 경우의 수는

$(10-1)! = 9!$

검은 공 4개를 하나로 묶어 7개를 원형으로 배열하는 경우의 수는

$(7-1)! = 6!$

검은 공끼리 자리를 바꾸는 경우의 수는

$4!$

따라서 구하는 확률은

$\dfrac{6! \times 4!}{9!} = \dfrac{1}{21}$

🖉 ①

## 05-2

함수 $f$의 개수는 $4^4$

$f(1) = f(2) < f(3) < f(4)$를 만족시키는 함수 $f$의 개수는 집

---

합 $Y$의 원소 4개 중에서 3개를 택하는 조합의 수와 같으므로

$_4C_3=4$

따라서 구하는 확률은

$$\frac{4}{4^4}=\frac{1}{4^3}=\frac{1}{64}$$

답 ①

## 05-3

이차방정식의 근과 계수의 관계에 의하여

$$\alpha\beta=\frac{2c}{2a}=\frac{c}{a}=1$$

즉, $a=c$

또, 이차방정식 $2ax^2+bx+2c=0$의 판별식을 $D$라 하면

$D=b^2-16ac<0$

$a=c$이므로 $b^2-16a^2<0$

$(b+4a)(b-4a)<0$에서 $b<4a$

$a=1$일 때 $b=1,\ 2,\ 3$

$a=2$일 때 $b=1,\ 2,\ 3,\ 4,\ 5,\ 6$

  $\vdots$

$a=6$일 때 $b=1,\ 2,\ 3,\ 4,\ 5,\ 6$

이므로 $a=c$이고 $b<4a$를 만족시키는 순서쌍 $(a,\ b,\ c)$의 개수는 33이다.

따라서 구하는 확률은

$$\frac{33}{6\times6\times6}=\frac{11}{72}$$

답 ①

## 05-4

직선 $l$을 택하는 경우의 수는 $_{15}C_2$이고, 직선 $m$을 택하는 경우의 수는 $_{13}C_2$이므로 두 직선 $l,\ m$을 택하는 경우의 수는 $_{15}C_2\times_{13}C_2$이다.

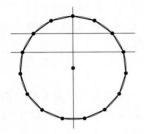

그림과 같이 정15각형의 외접원의 중심과 정15각형의 한 꼭짓점을 지나는 직선에 대하여 두 직선 $l,\ m$이 모두 수직이면 두

직선 $l,\ m$은 서로 평행하다.

한 꼭짓점을 택하는 경우의 수는 15이고, 직선 $l$을 택하는 경우의 수는 7, 직선 $m$을 택하는 경우의 수는 6이므로 서로 평행한 두 직선 $l,\ m$을 택하는 경우의 수는

$15\times7\times6$

그러므로 구하는 확률은

$$\frac{15\times7\times6}{_{15}C_2\times_{13}C_2}=\frac{1}{13}$$

따라서 $p=13,\ q=1$이므로

$p+q=13+1=14$

답 14

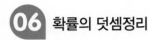
# 06 확률의 덧셈정리

10개의 공에서 3개를 택하여 공에 적힌 수가 작은 것부터 나열하는 경우의 수는

$_{10}C_3=120$

(i) 두 번째에 4가 적힌 공이 놓이도록 하려면 첫 번째에는 1, 2, 3이 적힌 공에서 한 개, 세 번째에는 5, 6, 7, 8, 9, 10이 적힌 공에서 한 개를 택하여 놓으면 되므로 구하는 경우의 수는

$_3C_1\times_6C_1=18$

(ii) 두 번째에 8이 적힌 공이 놓이도록 하려면 첫 번째에는 1, 2, 3, …, 7이 적힌 공에서 한 개, 세 번째에는 9, 10이 적힌 공에서 한 개를 택하여 놓으면 되므로 구하는 경우의 수는

$_7C_1\times_2C_1=14$

따라서 (i), (ii)에서 구하는 확률은

$$\frac{18}{120}+\frac{14}{120}=\frac{32}{120}=\frac{4}{15}$$

답 ③

## 06-1

7명을 일렬로 세우는 경우의 수는 7!

(i) 처음과 끝에 남학생이 서는 경우
처음과 끝에 서는 남학생을 정하여 세우는 경우의 수는 $_4P_2$
나머지 5명을 일렬로 세우는 경우의 수는 5!
그러므로 처음과 끝에 남학생이 서는 경우의 확률은

$$\frac{_4P_2\times5!}{7!}=\frac{12\times5!}{7!}=\frac{2}{7}$$

(ii) 처음과 끝에 여학생이 서는 경우
처음과 끝에 서는 여학생을 정하여 세우는 경우의 수는 $_3P_2$
나머지 5명을 일렬로 세우는 경우의 수는 5!
그러므로 처음과 끝에 여학생이 서는 경우의 확률은

$$\frac{_3P_2\times5!}{7!}=\frac{6\times5!}{7!}=\frac{1}{7}$$

따라서 (i), (ii)에서 구하는 확률은

$$1-\left(\frac{2}{7}+\frac{1}{7}\right)=1-\frac{3}{7}=\frac{4}{7}$$

답 ③

## |다른 풀이|

7명을 일렬로 세우는 경우의 수는 7!

(i) 처음에 남학생, 끝에 여학생이 서는 경우
처음에 서는 남학생을 정하는 경우의 수는 $_4C_1$
끝에 서는 여학생을 정하는 경우의 수는 $_3C_1$
나머지 5명을 일렬로 세우는 경우의 수는 5!
그러므로 처음에 남학생, 끝에 여학생이 서는 경우의 확률은

$$\frac{_4C_1\times_3C_1\times5!}{7!}=\frac{4\times3\times5!}{7!}=\frac{2}{7}$$

(ii) 처음에 여학생, 끝에 남학생이 서는 경우
처음에 서는 여학생을 정하는 경우의 수는 $_3C_1$
끝에 서는 남학생을 정하는 경우의 수는 $_4C_1$
나머지 5명을 일렬로 세우는 경우의 수는 5!
그러므로 처음에 여학생, 끝에 남학생이 서는 경우의 확률은

$$\frac{_3C_1\times_4C_1\times5!}{7!}=\frac{3\times4\times5!}{7!}=\frac{2}{7}$$

따라서 (i), (ii)에서 구하는 확률은

$$\frac{2}{7}+\frac{2}{7}=\frac{4}{7}$$

## 06-2

10장의 카드 중에서 두 장을 뽑는 경우의 수는

$_{10}C_2=45$

두 장의 카드에 적힌 수가 같은 경우의 수는

$_2C_2+_3C_2+_4C_2=1+3+6=10$

따라서 두 장의 카드에 적힌 수가 서로 다를 확률은

$$1-\frac{10}{45}=\frac{35}{45}=\frac{7}{9}$$

답 ⑤

## 06-3

9개의 공 중에서 4개를 꺼내는 경우의 수는

$_9C_4=126$

(i) 흰 공 2개, 검은 공 1개, 빨간 공 1개를 꺼내는 경우
경우의 수가 $_5C_2\times_3C_1\times_1C_1=10\times3\times1=30$이므로
이 경우의 확률은

$$\frac{30}{126}=\frac{5}{21}$$

(ii) 흰 공 1개, 검은 공 2개, 빨간 공 1개를 꺼내는 경우
경우의 수가 $_5C_1\times_3C_2\times_1C_1=5\times3\times1=15$이므로
이 경우의 확률은

$$\frac{15}{126}=\frac{5}{42}$$

따라서 (ⅰ), (ⅱ)에서 구하는 확률은

$$\frac{5}{21}+\frac{5}{42}=\frac{15}{42}=\frac{5}{14}$$

답 ②

## 06-4

주사위의 눈의 수 $a$, $b$, $c$, $d$의 모든 순서쌍 $(a,\ b,\ c,\ d)$의 개수는

$6\times6\times6\times6=6^4$

(ⅰ) $a-b=1$, $b-c=1$, $c-d=1$인 경우

$a=b+1$, $b=c+1$, $c=d+1$이므로

순서쌍 $(a,\ b,\ c,\ d)$는

$(4,\ 3,\ 2,\ 1)$, $(5,\ 4,\ 3,\ 2)$, $(6,\ 5,\ 4,\ 3)$

이고, 개수는 3이므로

이 경우의 확률은 $\dfrac{3}{6^4}$

(ⅱ) $a-b=1$, $b-c=-1$, $c-d=-1$인 경우

$a=b+1$, $b=c-1$, $c=d-1$이므로

순서쌍 $(a,\ b,\ c,\ d)$는

$(5,\ 4,\ 5,\ 6)$, $(4,\ 3,\ 4,\ 5)$, $(3,\ 2,\ 3,\ 4)$, $(2,\ 1,\ 2,\ 3)$

이고, 개수는 4이므로

이 경우의 확률은 $\dfrac{4}{6^4}$

(ⅲ) $a-b=-1$, $b-c=1$, $c-d=-1$인 경우

$a=b-1$, $b=c+1$, $c=d-1$이므로

순서쌍 $(a,\ b,\ c,\ d)$는

$(5,\ 6,\ 5,\ 6)$, $(4,\ 5,\ 4,\ 5)$, $(3,\ 4,\ 3,\ 4)$, $(2,\ 3,\ 2,\ 3)$,

$(1,\ 2,\ 1,\ 2)$

이고, 개수는 5이므로

이 경우의 확률은 $\dfrac{5}{6^4}$

(ⅳ) $a-b=-1$, $b-c=-1$, $c-d=1$인 경우

$a=b-1$, $b=c-1$, $c=d+1$이므로

순서쌍 $(a,\ b,\ c,\ d)$는

$(4,\ 5,\ 6,\ 5)$, $(3,\ 4,\ 5,\ 4)$, $(2,\ 3,\ 4,\ 3)$, $(1,\ 2,\ 3,\ 2)$

이고, 개수는 4이므로

이 경우의 확률은 $\dfrac{4}{6^4}$

따라서 (ⅰ)~(ⅳ)에서 구하는 확률은

$$\frac{3}{6^4}+\frac{4}{6^4}+\frac{5}{6^4}+\frac{4}{6^4}=\frac{16}{6^4}=\frac{2^4}{6^4}=\left(\frac{1}{3}\right)^4=\frac{1}{81}$$

답 ①

# 07 조건부확률

수능 유형 체크　　　　　　　　　　　　　본문 31쪽

모두 12개의 공에서 동시에 2개의 공을 꺼낼 때, 같은 색의 공일 사건을 $E$, 흰 공일 사건을 $W$, 검은 공일 사건을 $B$라 하면 12개 중에서 2개를 꺼내는 모든 경우의 수는 $_{12}C_2$이고 흰 공의 개수를 $n$이라 하면 빨간 공이 2개이므로 검은 공의 개수는 $10-n$이다.

(ⅰ) 두 개 모두 흰 공이 나올 확률은

$$\mathrm{P}(E\cap W)=\frac{_nC_2}{_{12}C_2}=\frac{n(n-1)}{132}$$

(ⅱ) 두 개 모두 검은 공이 나올 확률은

$$\mathrm{P}(E\cap B)=\frac{_{10-n}C_2}{_{12}C_2}=\frac{(10-n)(9-n)}{132}$$

따라서 (ⅰ), (ⅱ)에서

$$\frac{\mathrm{P}(E\cap W)}{\mathrm{P}(E\cap W)+\mathrm{P}(E\cap B)}$$

$$=\frac{\dfrac{n(n-1)}{132}}{\dfrac{n(n-1)}{132}+\dfrac{(10-n)(9-n)}{132}}$$

$$=\frac{n(n-1)}{n(n-1)+(10-n)(9-n)}=\frac{5}{7}$$

이므로 $n^2-31n+150=0$

$(n-6)(n-25)=0$

이때 $n<10$이므로 $n=6$

답 6

| 수능의 감을 쑥쑥 키워주는 수능 유제　　　　본문 32~33쪽 | | | | | | | |
|---|---|---|---|---|---|---|---|
| 07-1 | ③ | 07-2 | ① | 07-3 | ③ | 07-4 | 59 |

## 07-1

$\mathrm{P}(A^C\cap B^C)=1-\mathrm{P}(A\cup B)=\dfrac{2}{5}$에서

$$\mathrm{P}(A\cup B)=\frac{3}{5}$$

$\mathrm{P}(A\cup B)=\mathrm{P}(A)+\mathrm{P}(B)-\mathrm{P}(A\cap B)$이므로

$\dfrac{3}{5}=\dfrac{1}{2}+\dfrac{1}{5}-\mathrm{P}(A\cap B)$에서 $\mathrm{P}(A\cap B)=\dfrac{1}{10}$

따라서

$$P(B|A) = \frac{P(A \cap B)}{P(A)}$$

$$= \frac{\frac{1}{10}}{\frac{1}{2}} = \frac{1}{5}$$

**답 ③**

## 07-2

이 고등학교 3학년 학생 중에서 임의로 택한 한 명이 걸어서 등교하는 학생일 사건을 $A$, 여학생일 사건을 $B$라 하자.

걸어서 등교하는 학생이 60 %이므로

$$P(A) = \frac{60}{100} = \frac{3}{5}$$

남학생 수와 여학생 수가 같으므로

$$P(B) = \frac{1}{2}$$

또, 걸어서 등교하는 학생 중 40 %가 여학생이므로

$$P(A \cap B) = \frac{60}{100} \times \frac{40}{100} = \frac{3}{5} \times \frac{2}{5} = \frac{6}{25}$$

에서 $P(A^C \cap B) = P(B) - P(A \cap B)$

$$= \frac{1}{2} - \frac{6}{25} = \frac{13}{50}$$

따라서 구하는 확률은

$$P(B|A^C) = \frac{P(A^C \cap B)}{P(A^C)}$$

$$= \frac{\frac{13}{50}}{\frac{2}{5}} = \frac{13}{20}$$

**답 ①**

## 07-3

주머니 A에서 흰 공을 꺼내는 사건을 $A$, 주머니 B에서 흰 공을 꺼내는 사건을 $B$라 하면 구하는 확률은

$$P(A|B) = \frac{P(A \cap B)}{P(B)} \text{이다.}$$

$$P(B) = P(A \cap B) + P(A^c \cap B)$$

$$= P(A)P(B|A) + P(A^c)P(B|A^c)$$

$$= \frac{2}{5} \times \frac{2}{6} + \frac{3}{5} \times \frac{1}{6}$$

$$= \frac{7}{30}$$

$$P(A \cap B) = \frac{2}{5} \times \frac{2}{6} = \frac{2}{15}$$

따라서 구하는 확률은

$$P(A|B) = \frac{P(A \cap B)}{P(B)}$$

$$= \frac{\frac{2}{15}}{\frac{7}{30}} = \frac{4}{7}$$

**답 ③**

## 07-4

세 상자 A, B, C를 택하는 사건을 각각 $A$, $B$, $C$라 하고, 꺼낸 공이 흰 공인 사건을 $W$라 하면 구하는 확률은

$$P(A|W) = \frac{P(A \cap W)}{P(W)} \text{이다.}$$

$P(A) = \frac{1}{3}$, $P(B) = \frac{1}{3}$, $P(C) = \frac{1}{3}$이고

$$P(W) = P(A \cap W) + P(B \cap W) + P(C \cap W)$$

$$= P(A)P(W|A) + P(B)P(W|B)$$
$$+ P(C)P(W|C)$$

$$= \frac{1}{3} \times \frac{2}{5} + \frac{1}{3} \times \frac{3}{6} + \frac{1}{3} \times \frac{2}{3}$$

$$= \frac{47}{90}$$

그러므로 $P(A|W) = \frac{P(A \cap W)}{P(W)}$

$$= \frac{\frac{2}{15}}{\frac{47}{90}} = \frac{12}{47}$$

따라서 $p = 47$, $q = 12$이므로
$p + q = 47 + 12 = 59$

**답 59**

# 08 확률의 곱셈정리

( i ) 흰 공을 꺼내고, 정육면체를 던져서 6 이상의 수가 읽혀질 확률은

$$\frac{3}{5} \times \frac{2}{6} = \frac{1}{5}$$

(ii) 정사면체를 던져서 6이 적혀 있는 면이 밑면에 놓여 6이 보이지 않을 확률이 $\frac{1}{4}$이므로 6 이상의 수가 읽혀질 확률은

$$1 - \frac{1}{4} = \frac{3}{4}$$

그러므로 검은 공을 꺼내고, 정사면체를 던져 6 이상의 눈이 읽혀질 확률은

$$\frac{2}{5} \times \frac{3}{4} = \frac{3}{10}$$

( i ), (ii)는 서로 배반사건이므로 구하는 확률은

$$p = \frac{1}{5} + \frac{3}{10} = \frac{1}{2}$$

따라서

$$20p = 20 \times \frac{1}{2} = 10$$

**답** 10

| 08-1 | ④ | 08-2 | ② | 08-3 | ② | 08-4 | ⑤ |
|------|---|------|---|------|---|------|---|

## 08-1

1번 학생이 표시되지 않은 제비를 뽑을 확률은 $\frac{26}{28}$,

2번 학생이 표시된 제비를 뽑을 확률은 $\frac{2}{27}$,

3번 학생이 표시되지 않은 제비를 뽑을 확률은 $\frac{25}{26}$,

4번 학생이 표시되지 않은 제비를 뽑을 확률은 $\frac{24}{25}$,

       ⋮

19번 학생이 표시되지 않은 제비를 뽑을 확률은 $\frac{9}{10}$,

20번 학생이 표시된 제비를 뽑을 확률은 $\frac{1}{9}$

따라서 구하는 확률은 확률의 곱셈정리에 의하여

$$\frac{26}{28} \times \frac{2}{27} \times \frac{25}{26} \times \frac{24}{25} \times \cdots \times \frac{9}{10} \times \frac{1}{9}$$

$$= \frac{1}{28} \times \frac{2}{27}$$

$$= \frac{1}{378}$$

**답** ④

## 08-2

( i ) 주사위를 던져서 4 이하의 눈이 나오는 경우

주사위를 던져서 4 이하의 눈이 나올 확률은 $\frac{4}{6} = \frac{2}{3}$

주머니 A에서 공 3개를 꺼낼 때 모두 검은 공일 확률은

$$\frac{{}_4C_3}{{}_6C_3} = \frac{4}{20} = \frac{1}{5}$$

그러므로 이 경우의 확률은

$$\frac{2}{3} \times \frac{1}{5} = \frac{2}{15}$$

(ii) 주사위를 던져서 5 이상의 눈이 나오는 경우

주사위를 던져서 5 이상의 눈이 나올 확률은 $\frac{2}{6} = \frac{1}{3}$

주머니 B에서 공 2개를 꺼낼 때 모두 검은 공일 확률은

$$\frac{{}_3C_2}{{}_6C_2} = \frac{3}{15} = \frac{1}{5}$$

그러므로 이 경우의 확률은

$$\frac{1}{3} \times \frac{1}{5} = \frac{1}{15}$$

따라서 ( i ), (ii)에서 구하는 확률은

$$\frac{2}{15} + \frac{1}{15} = \frac{1}{5}$$

**답** ②

## 08-3

( i ) 두 학생 A, B를 각각 다른 학생의 이름이 적힌 의자에 배정하는 경우

두 학생 A, B를 A, B의 이름이 적힌 의자에 배정하는 경우의 수는 2이고, 두 학생 A, B를 각각 다른 학생의 이름이 적힌 의자에 배정하는 경우의 수는 1이므로

이 경우의 확률은 $\frac{1}{2}$

(ii) 세 학생 C, D, E를 모두 다른 학생의 이름이 적힌 의자에 배정하는 경우

세 학생 C, D, E를 세 의자에 배정하는 경우의 수는 3! = 6 이고, 세 학생 C, D, E를 모두 다른 학생의 이름이 적힌 의자에 배정하는 경우는

(D, E, C), (E, C, D)

의 2가지이므로

이 경우의 확률은 $\dfrac{2}{6}=\dfrac{1}{3}$

따라서 (i), (ii)에서 구하는 확률

$\dfrac{1}{2}\times\dfrac{1}{3}=\dfrac{1}{6}$

답 ②

## 08-4

첫 번째 시행에서 꺼낸 공은 모두 흰 공이므로 검은 공 2개로 바꾸어 주머니에 넣으면 주머니 안에는 흰 공 2개와 검은 공 2개가 들어 있다.

두 번째 시행에서 꺼낸 공의 색에 따라 세 번째 시행에서 흰 공 2개를 꺼낼 확률이 달라지게 된다.

(i) 두 번째 시행에서 검은 공 2개를 꺼내는 경우

주머니에서 검은 공 2개를 꺼낼 확률은

$\dfrac{_2C_2}{_4C_2}=\dfrac{1}{6}$

이때 흰 공 2개를 주머니에 넣으므로 주머니에는 흰 공 4개가 들어 있고, 흰 공 2개를 꺼낼 확률은 1이다.

그러므로 세 번째 시행에서 흰 공 2개를 꺼낼 확률은

$\dfrac{1}{6}\times1=\dfrac{1}{6}$

(ii) 두 번째 시행에서 흰 공 1개, 검은 공 1개를 꺼내는 경우

주머니에서 흰 공 1개, 검은 공 1개를 꺼낼 확률은

$\dfrac{_2C_1\times_2C_1}{_4C_2}=\dfrac{2\times2}{6}=\dfrac{2}{3}$

이때 주머니에 검은 공 1개, 흰 공 1개를 넣으므로 주머니에는 흰 공 2개, 검은 공 2개가 들어 있고, 여기서 흰 공 2개를 꺼낼 확률은

$\dfrac{_2C_2}{_4C_2}=\dfrac{1}{6}$

그러므로 세 번째 시행에서 흰 공 2개를 꺼낼 확률은

$\dfrac{2}{3}\times\dfrac{1}{6}=\dfrac{1}{9}$

(iii) 두 번째 시행에서 흰 공 2개를 꺼내는 경우

이 경우 주머니에 검은 공 2개를 넣으므로 주머니에는 검은 공 4개가 들어 있고 세 번째 시행에서 흰 공 2개를 꺼낼 확률은 0이다.

따라서 (i), (ii), (iii)에서 구하는 확률은

$\dfrac{1}{6}+\dfrac{1}{9}+0=\dfrac{5}{18}$

답 ⑤

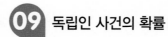

## 09 독립인 사건의 확률

수능 유형 체크                                    본문 39쪽

시청자 세 사람 A, B, C가 특정 오락프로그램을 시청하는 사건을 각각 $A$, $B$, $C$라 하면 $A$, $B$, $C$는 서로 독립이므로

$\mathrm{P}(A\cap B\cap C^C)=\mathrm{P}(A)\mathrm{P}(B)\mathrm{P}(C^C)$

$=p\times\dfrac{3}{4}\times\dfrac{1}{5}=\dfrac{3p}{20}$

$\mathrm{P}(A\cap B^C\cap C)=\mathrm{P}(A)\mathrm{P}(B^C)\mathrm{P}(C)$

$=p\times\dfrac{1}{4}\times\dfrac{4}{5}=\dfrac{p}{5}$

$\mathrm{P}(A^C\cap B\cap C)=\mathrm{P}(A^C)\mathrm{P}(B)\mathrm{P}(C)$

$=(1-p)\times\dfrac{3}{4}\times\dfrac{4}{5}$

$=\dfrac{3(1-p)}{5}$

그러므로 $\dfrac{3p}{20}+\dfrac{p}{5}+\dfrac{3(1-p)}{5}=\dfrac{q}{20}$에서

$\dfrac{-5p+12}{20}=\dfrac{q}{20}$

$-5p+12=q$

$p=\dfrac{12-q}{5}$

이때 $0<p<1$이므로 $0<\dfrac{12-q}{5}<1$

$7<q<12$

따라서 자연수 $q$는 8, 9, 10, 11이므로 이들의 합은

$8+9+10+11=38$

답 38

|참고|

(1) 시청자 세 사람 A, B, C의 특정 오락프로그램 시청 여부의 모든 경우는 다음 표와 같다.

(시청: ○, 미시청: ×)

| A | × | ○ | × | × | ○ | ○ | × | ○ |
|---|---|---|---|---|---|---|---|---|
| B | × | × | ○ | × | ○ | × | ○ | ○ |
| C | × | × | × | ○ | × | ○ | ○ | ○ |

(2) 확률의 기본 성질

① 임의의 사건 $A$에 대하여 $0\leq\mathrm{P}(A)\leq1$

② 반드시 일어나는 사건 $S$에 대하여 $\mathrm{P}(S)=1$

③ 절대로 일어날 수 없는 사건 $\varnothing$에 대하여 $\mathrm{P}(\varnothing)=0$

## 09-1

두 사건 $A$, $B$가 서로 독립이므로 두 사건 $A^C$, $B$도 서로 독립이다.

$P(A^C|B)=P(A^C)=\dfrac{2}{5}$에서

$P(A)=1-P(A^C)=1-\dfrac{2}{5}=\dfrac{3}{5}$이고

$P(B^C)=1-P(B)$

또한, 두 사건 $A$, $B$가 서로 독립이므로 두 사건 $A$, $B^C$도 서로 독립이다.

$P(A\cap B^C)=P(A)P(B^C)$

$\qquad\qquad=\dfrac{3}{5}\{1-P(B)\}=\dfrac{4}{9}$

에서 $1-P(B)=\dfrac{4}{9}\times\dfrac{5}{3}=\dfrac{20}{27}$

따라서 $P(B)=\dfrac{7}{27}$

**답 ②**

**|참고|**

두 사건 $A$, $B$가 서로 독립이면

$P(A\cap B^C)=P(A)-P(A\cap B)$

$\qquad\qquad=P(A)-P(A)P(B)$

$\qquad\qquad=P(A)\{1-P(B)\}$

$\qquad\qquad=P(A)P(B^C)$

이므로 두 사건 $A$, $B^C$도 서로 독립이다.

## 09-2

두 과자 A, B에서 쿠폰이 나오는 사건을 각각 $A$, $B$라 하면

$P(A)=\dfrac{1}{10}$, $P(B)=\dfrac{1}{8}$

두 과자 중 한 종류의 과자에서만 쿠폰이 나올 확률은

$P(A\cap B^C)+P(A^C\cap B)$

$=P(A)P(B^C)+P(A^C)P(B)$

$=\dfrac{1}{10}\times\left(1-\dfrac{1}{8}\right)+\left(1-\dfrac{1}{10}\right)\times\dfrac{1}{8}$

$=\dfrac{1}{10}\times\dfrac{7}{8}+\dfrac{9}{10}\times\dfrac{1}{8}$

$=\dfrac{1}{5}$

**답 ①**

## 09-3

축구를 좋아하는 사건을 $C$, 학급 B에 속할 사건을 $B$라 하면

$d=P(C\cap B)=P(C)P(B)$

$\quad=\dfrac{3}{4}\times\dfrac{2}{5}=\dfrac{3}{10}$

$c+d=\dfrac{2}{5}$에서

$c=\dfrac{2}{5}-\dfrac{3}{10}=\dfrac{1}{10}$

$a+c=\dfrac{1}{4}$에서

$a=\dfrac{1}{4}-\dfrac{1}{10}=\dfrac{3}{20}$

따라서

$a+d=\dfrac{3}{20}+\dfrac{3}{10}=\dfrac{9}{20}$

**답 ④**

## 09-4

ㄱ. 두 사건 $A$, $B$가 서로 독립이므로

$\quad P(A|B)=P(A)$, $P(A^C|B^C)=P(A^C)$

이고 일반적으로 $P(A)\neq P(A^C)$이므로

$\quad P(A|B)\neq P(A^C|B^C)$ (거짓)

ㄴ. $P(A)P(B)+P(A)P(B^C)=P(A\cap B)+P(A\cap B^C)$

$\qquad\qquad\qquad\qquad\qquad\qquad=P(A)$ (참)

ㄷ. $P(A^C|B)=P(A^C)$, $P(B^C|A)=P(B^C)$이므로

$\quad P(A^C|B)P(B^C|A)=P(A^C)P(B^C)$

$\qquad\qquad\qquad\qquad=P(A^C\cap B^C)$

$\qquad\qquad\qquad\qquad=P((A\cup B)^C)$

$\qquad\qquad\qquad\qquad=1-P(A\cup B)$ (참)

따라서 옳은 것은 ㄴ, ㄷ이다.

**답 ④**

# 10 독립시행의 확률

**수능 유형 체크**

세 사람 A, B, C가 6개의 서로 다른 색의 공이 들어 있는 상자에서 각각 공을 임의로 하나씩 꺼내는 방법의 수는 각자 공을 꺼내어 색을 확인한 후에 꺼낸 공은 다시 상자에 넣으므로 중복순열의 수와 같다.

$_6\Pi_3 = 6^3$

세 사람 A, B, C가 6개의 서로 다른 색의 공 중에서 각각 다른 색의 공을 꺼내는 방법의 수는 6개 중에서 3개를 택하여 나열하는 순열이므로

$_6P_3 = 120$

따라서 세 사람 A, B, C가 이 게임을 1번할 때, 상품을 받을 확률은

$\dfrac{120}{6^3} = \dfrac{5}{9}$

세 사람 A, B, C가 이 게임을 5번 반복할 때, 2번 상품을 받을 확률은 독립시행의 확률을 따르므로

$$_5C_2\left(\dfrac{5}{9}\right)^2\left(\dfrac{4}{9}\right)^3 = 10 \times \dfrac{5^2 \times 4^3}{9^5}$$

$$= \dfrac{16000}{9^5}$$

따라서 $k = 16000$

**답 ⑤**

---

**수능의 감을 쑥쑥 키워주는 수능 유제**  본문 44~45쪽

| 10-1 | ② | 10-2 | ② | 10-3 | ④ | 10-4 | ④ |
|------|---|------|---|------|---|------|---|

## 10-1

한 개의 주사위를 던질 때, 3의 배수의 눈이 나올 확률은 $\dfrac{1}{3}$이므로 3의 배수의 눈이 4회 나올 확률 $p_1$은

$p_1 = {}_5C_4\left(\dfrac{1}{3}\right)^4\left(\dfrac{2}{3}\right)^1 = \dfrac{10}{3^5}$

3의 배수의 눈이 연속해서 4회 나오는 경우는

(1회, 2회, 3회, 4회), (2회, 3회, 4회, 5회)이므로

$p_2 = 2 \times \left(\dfrac{1}{3}\right)^4\left(\dfrac{2}{3}\right)^1 = \dfrac{4}{3^5}$

따라서

$p_1 - p_2 = \dfrac{10}{3^5} - \dfrac{4}{3^5} = \dfrac{6}{3^5} = \dfrac{2}{81}$

**답 ②**

## 10-2

주사위를 던져 5 이상의 눈이 나오고 동전의 앞면이 한 번 나올 확률은

$\dfrac{1}{3} \times {}_3C_1\left(\dfrac{1}{2}\right)^1\left(\dfrac{1}{2}\right)^2 = \dfrac{1}{8}$

주사위를 던져 4 이하의 눈이 나오고 동전의 앞면이 한 번 나올 확률은

$\dfrac{2}{3} \times {}_2C_1\left(\dfrac{1}{2}\right)^1\left(\dfrac{1}{2}\right)^1 = \dfrac{1}{3}$

따라서 구하는 확률은

$\dfrac{1}{8} + \dfrac{1}{3} = \dfrac{11}{24}$

**답 ②**

## 10-3

주사위를 던져 3의 약수의 눈이 나올 확률은 $\dfrac{2}{6} = \dfrac{1}{3}$이다.

점 P의 좌표가 양수인 경우는 주사위를 던져서 나온 눈에 따라 다음과 같이 나눌 수 있다.

(ⅰ) 3의 약수의 눈이 4번 나오는 경우

$_4C_4\left(\dfrac{1}{3}\right)^4 = \dfrac{1}{81}$

(ⅱ) 3의 약수의 눈이 3번, 3의 약수가 아닌 눈이 1번 나오는 경우

$_4C_3\left(\dfrac{1}{3}\right)^3\left(\dfrac{2}{3}\right)^1 = \dfrac{8}{81}$

(ⅲ) 3의 약수의 눈이 2번, 3의 약수가 아닌 눈이 2번 나오는 경우

$_4C_2\left(\dfrac{1}{3}\right)^2\left(\dfrac{2}{3}\right)^2 = \dfrac{8}{27}$

따라서 (ⅰ), (ⅱ), (ⅲ)에서 구하는 확률은

$\dfrac{1}{81} + \dfrac{8}{81} + \dfrac{8}{27} = \dfrac{11}{27}$

**답 ④**

## 10-4

동전을 던질 때마다 $x$축의 방향으로 1만큼 이동하므로 점 (8, 11)에 도달하기 위해서 동전을 8번 던져야 한다.

동전을 8번 던져 앞면이 나온 횟수를 $a$, 뒷면이 나온 횟수를 $b$라 하면

$a + b = 8$  ······ ㉠

앞면이 나오면 $y$축의 방향으로 2만큼, 뒷면이 나오면 $y$축의 방향으로 1만큼 이동하므로

$2a + b = 11$  ······ ㉡

⊙, ⊙을 연립하여 풀면 $a=3$, $b=5$

그러므로 점 $(8, 11)$에 도달하기 위해서는 동전을 8번 던져서 앞면이 3번, 뒷면이 5번 나와야 한다.

따라서 구하는 확률은

$$_8\mathrm{C}_3\left(\frac{1}{2}\right)^3\left(\frac{1}{2}\right)^5=\frac{7}{32}$$

답 ④

# Ⅲ. 통계

 **11 이산확률변수의 평균, 분산, 표준편차**

**수능 유형 체크**

본문 47쪽

확률변수 $X$가 갖는 값은 0, 1, 2이고 각각의 경우에 대한 확률은 다음과 같다.

( i ) $X=0$인 경우

주사위 한 개를 던져 3의 배수가 나오고 동전을 2번 던져 앞면이 나오지 않거나 주사위 한 개를 던져 3의 배수가 나오지 않고 동전을 1번 던져 앞면이 나오지 않을 확률은

$$\frac{1}{3}\times{}_2\mathrm{C}_0\left(\frac{1}{2}\right)^0\left(\frac{1}{2}\right)^2+\frac{2}{3}\times\frac{1}{2}=\frac{5}{12}$$

(ii) $X=1$인 경우

주사위 한 개를 던져 3의 배수가 나오고 동전을 2번 던져 앞면이 1회 나오거나 주사위 한 개를 던져 3의 배수가 나오지 않고 동전을 1번 던져 앞면이 1회 나올 확률은

$$\frac{1}{3}\times{}_2\mathrm{C}_1\left(\frac{1}{2}\right)^1\left(\frac{1}{2}\right)^1+\frac{2}{3}\times\frac{1}{2}=\frac{1}{2}$$

(iii) $X=2$인 경우

주사위 한 개를 던져 3의 배수가 나오고 동전을 2번 던져 앞면이 2회 나올 확률은

$$\frac{1}{3}\times{}_2\mathrm{C}_2\left(\frac{1}{2}\right)^2\left(\frac{1}{2}\right)^0=\frac{1}{12}$$

따라서 ( i ), (ii), (iii)에서 확률변수 $X$의 확률분포를 표로 나타내면 다음과 같다.

| $X$ | 0 | 1 | 2 | 합계 |
|---|---|---|---|---|
| $\mathrm{P}(X=x)$ | $\frac{5}{12}$ | $\frac{1}{2}$ | $\frac{1}{12}$ | 1 |

이때

$$\mathrm{E}(X)=0\times\frac{5}{12}+1\times\frac{1}{2}+2\times\frac{1}{12}=\frac{2}{3}$$

이므로

$$\begin{aligned}\mathrm{E}(3X+8)&=3\mathrm{E}(X)+8\\&=3\times\frac{2}{3}+8=10\end{aligned}$$

답 ⑤

## 11-1

확률의 총합은 1이므로

$$a+\frac{1}{4}+\frac{1}{2}+b=1$$

에서 $a+b=\frac{1}{4}$ ...... ㉠

$E(X)=\frac{5}{2}$ 이므로

$$E(X)=1\times a+2\times\frac{1}{4}+3\times\frac{1}{2}+4\times b=\frac{5}{2}$$

에서 $a+4b=\frac{1}{2}$ ...... ㉡

㉠, ㉡을 연립하여 풀면

$$a=\frac{1}{6},\ b=\frac{1}{12}$$

따라서

$$V(X)=1^2\times\frac{1}{6}+2^2\times\frac{1}{4}+3^2\times\frac{1}{2}+4^2\times\frac{1}{12}-\left(\frac{5}{2}\right)^2$$
$$=7-\frac{25}{4}=\frac{3}{4}$$

이므로

$$V(6X-5)=36V(X)$$
$$=36\times\frac{3}{4}=27$$

**답** 27

## 11-2

$\dfrac{k}{x(x+1)}=k\left(\dfrac{1}{x}-\dfrac{1}{x+1}\right)$ 이고, 확률의 총합은 1이므로

$$k\left\{\left(1-\frac{1}{2}\right)+\left(\frac{1}{2}-\frac{1}{3}\right)+\cdots+\left(\frac{1}{5}-\frac{1}{6}\right)\right\}$$
$$=k\left(1-\frac{1}{6}\right)$$
$$=\frac{5}{6}k$$

$\dfrac{5}{6}k=1$ 에서 $k=\dfrac{6}{5}$

이때 평균 $E(X)$ 는

$$E(X)=1\times\frac{6}{5\times1\times2}+2\times\frac{6}{5\times2\times3}+\cdots+5\times\frac{6}{5\times5\times6}$$

$$=\frac{6}{5}\left(\frac{1}{2}+\frac{1}{3}+\frac{1}{4}+\frac{1}{5}+\frac{1}{6}\right)$$
$$=\frac{87}{50}$$

**답** ②

## 11-3

확률변수 $X$ 가 갖는 값은 3, 4, 5, 6, 7이고, 확률변수 $X$ 의 확률분포를 표로 나타내면 다음과 같다.

| $X$ | 3 | 4 | 5 | 6 | 7 | 합계 |
| --- | --- | --- | --- | --- | --- | --- |
| $P(X=x)$ | $\frac{1}{6}$ | $\frac{1}{6}$ | $\frac{2}{6}$ | $\frac{1}{6}$ | $\frac{1}{6}$ | 1 |

이때

$$m=E(X)$$
$$=3\times\frac{1}{6}+4\times\frac{1}{6}+5\times\frac{2}{6}+6\times\frac{1}{6}+7\times\frac{1}{6}$$
$$=5$$

따라서

$$P(X>m)=P(X>5)$$
$$=P(X=6)+P(X=7)$$
$$=\frac{1}{6}+\frac{1}{6}=\frac{1}{3}$$

**답** ②

## 11-4

꺼낸 공에 따라 남아 있는 공의 개수의 차를 구하면 다음과 같다.

| 꺼낸 공 | 흰 공 2개 | 흰 공 1개<br>검은 공 1개 | 검은 공 2개 |
| --- | --- | --- | --- |
| 남은 공 | 흰 공 4개<br>검은 공 3개 | 흰 공 5개<br>검은 공 2개 | 흰 공 6개<br>검은 공 1개 |
| 개수의 차 | 1 | 3 | 5 |

$X$ 가 갖는 값은 1, 3, 5이고

$$P(X=1)=\frac{{}_6C_2}{{}_9C_2}=\frac{5}{12}$$

$$P(X=3)=\frac{{}_6C_1\times{}_3C_1}{{}_9C_2}=\frac{1}{2}$$

$$P(X=5)=\frac{{}_3C_2}{{}_9C_2}=\frac{1}{12}$$

이므로 확률변수 $X$의 확률분포를 표로 나타내면 다음과 같다.

| $X$ | 1 | 3 | 5 | 합계 |
|---|---|---|---|---|
| $P(X=x)$ | $\dfrac{5}{12}$ | $\dfrac{1}{2}$ | $\dfrac{1}{12}$ | 1 |

따라서
$$E(X)=1\times\frac{5}{12}+3\times\frac{1}{2}+5\times\frac{1}{12}=\frac{7}{3}$$

답 ④

본문 51쪽

## 12 이항분포

**수능 유형 체크**

30번의 시행에서 같은 색의 공이 나오는 횟수를 확률변수 $X$라 하자.

한 번의 시행에서 같은 색의 공이 나올 확률은
$$\frac{_4C_2}{_{10}C_2}+\frac{_6C_2}{_{10}C_2}=\frac{21}{45}=\frac{7}{15}$$

확률변수 $X$는 이항분포 $B\left(30,\ \dfrac{7}{15}\right)$을 따르므로

$$E(X)=30\times\frac{7}{15}=14$$

이때 얻을 수 있는 점수를 확률변수 $Y$라 하면
$Y=4X+2(30-X)=2X+60$이므로
$$\begin{aligned}E(Y)&=E(2X+60)\\&=2E(X)+60\\&=2\times14+60=88\end{aligned}$$

답 ③

**수능의 감을 쑥쑥 키워주는 수능 유제** 본문 52~53쪽

| 12-1 | 100 | 12-2 | ① | 12-3 | ③ | 12-4 | ③ |
|---|---|---|---|---|---|---|---|

### 12-1

$E(2X+3)=2E(X)+3=43$에서
$E(X)=20$이므로
$np=20$ ······ ㉠
$V(5X+2)=25V(X)=400$에서
$V(X)=16$이므로
$np(1-p)=16$ ······ ㉡
㉠, ㉡을 연립하여 풀면
$$p=\frac{1}{5}$$
㉠에서 $n\times\dfrac{1}{5}=20$이므로
$n=100$

답 100

## 12-2

두 개의 주사위를 던져서 나온 눈의 수의 합이 6 이하일 확률은

$$\frac{1}{36}+\frac{2}{36}+\frac{3}{36}+\frac{4}{36}+\frac{5}{36}=\frac{15}{36}=\frac{5}{12}$$

이므로 확률변수 $X$는 이항분포 $B\left(30, \frac{5}{12}\right)$를 따른다.

이때 $E(X)=30\times\frac{5}{12}=\frac{25}{2}$이므로

$$\begin{aligned}E(6X+5)&=6E(X)+5\\&=6\times\frac{25}{2}+5\\&=80\end{aligned}$$

**답** ①

## 12-3

확률변수 $X$가 이항분포 $B\left(n, \frac{1}{3}\right)$을 따르므로

$P(X=2)=\frac{7}{2}P(X=1)$에서

$${}_n C_2\left(\frac{1}{3}\right)^2\left(\frac{2}{3}\right)^{n-2}=\frac{7}{2}\times {}_n C_1\left(\frac{1}{3}\right)^1\left(\frac{2}{3}\right)^{n-1}$$

$${}_n C_2\times\frac{1}{3}=\frac{7}{2}\times {}_n C_1\times\frac{2}{3}$$

$$\frac{n(n-1)}{2}\times\frac{1}{3}=\frac{7}{2}\times n\times\frac{2}{3}$$

$$n^2=15n$$

이때 $n$은 자연수이므로 $n=15$

확률변수 $X$가 이항분포 $B\left(15, \frac{1}{3}\right)$을 따르므로

$$V(X)=15\times\frac{1}{3}\times\frac{2}{3}=\frac{10}{3}$$

따라서

$$\begin{aligned}V(3X)&=9V(X)\\&=9\times\frac{10}{3}\\&=30\end{aligned}$$

**답** ③

## 12-4

동전을 10번 던져서 앞면이 나온 횟수를 확률변수 $Y$라 하면

$Y$는 이항분포 $B\left(10, \frac{1}{2}\right)$을 따른다.

이때 $Y$의 기댓값은

$$E(Y)=10\times\frac{1}{2}=5$$

동전의 앞면이 $Y$번 나왔을 때, 뒷면은 $(10-Y)$번 나오므로
점 P의 좌표는

$$2Y+(-1)\times(10-Y)=3Y-10$$

따라서 점 P의 좌표의 기댓값은

$$\begin{aligned}E(X)&=E(3Y-10)\\&=3E(Y)-10\\&=3\times5-10\\&=5\end{aligned}$$

**답** ③

# 13 연속확률변수

**수능 유형 체크**　　　　　　　　　　　본문 55쪽

$P(0 \leq X \leq k) = 1$이고

$3P(0 \leq X \leq 1) = P(1 \leq X \leq k)$이므로

$P(0 \leq X \leq 1) = \dfrac{1}{4}$

$P(0 \leq X \leq 1) = \dfrac{1}{2} \times 1 \times a = \dfrac{1}{4}$에서

$a = \dfrac{1}{2}$

또, $P(1 \leq X \leq k) = \dfrac{3}{4}$이므로

$\dfrac{1}{2} \times (k-1) \times a = \dfrac{3}{4}$

$k-1 = 3$에서 $k = 4$

직선 $y = bx + c$가 두 점 $\left(1, \dfrac{1}{2}\right)$, $(4, 0)$을 지나므로

직선의 방정식은

$y - 0 = -\dfrac{1}{6}(x - 4)$

$y = -\dfrac{1}{6}x + \dfrac{2}{3}$

따라서
$$P(3 \leq X \leq k) = P(3 \leq X \leq 4)$$
$$= \dfrac{1}{2} \times (4-3) \times \left(-\dfrac{1}{6} \times 3 + \dfrac{2}{3}\right)$$
$$= \dfrac{1}{2} \times 1 \times \dfrac{1}{6}$$
$$= \dfrac{1}{12}$$

**답** ⑤

**수능의 감을 쑥쑥 키워주는 수능 유제**　　　　본문 56~57쪽

| 13-1 | ⑤ | 13-2 | ② | 13-3 | ② | 13-4 | ③ |
|------|---|------|---|------|---|------|---|

## 13-1

$0 \leq X \leq 8$에서 확률밀도함수의 그래프와 $x$축으로 둘러싸인 부분의 넓이는 1이므로

$\dfrac{1}{2} \times 2 \times a + 2 \times a + \dfrac{1}{2} \times 4 \times a = 1$

$5a = 1$

따라서 $a = \dfrac{1}{5}$

이때

$P(0 \leq X \leq 2) = \dfrac{1}{5}$, $P(0 \leq X \leq 4) = \dfrac{3}{5}$

이므로 $2 < k < 4$이고

$P(0 \leq X \leq k) = \dfrac{1}{5} + (k-2) \times \dfrac{1}{5}$
$$= \dfrac{1}{5}(k-1)$$

$P(0 \leq X \leq k) = \dfrac{1}{2}$에서

$\dfrac{1}{5}(k-1) = \dfrac{1}{2}$

따라서 $k = \dfrac{7}{2}$

**답** ⑤

## 13-2

$P(0 \leq X \leq 4) = 1$이므로 주어진 식에 $x = 0$을 대입하면

$P(0 \leq X \leq 4) = a = 1$

$P(x \leq X \leq 4) = 1 - \dfrac{x^2}{16}$에서

$P(1 \leq X \leq 4) = 1 - \dfrac{1}{16} = \dfrac{15}{16}$

$P(2 \leq X \leq 4) = 1 - \dfrac{2^2}{16} = \dfrac{3}{4}$

따라서
$$P(1 \leq X \leq 2) = P(1 \leq X \leq 4) - P(2 \leq X \leq 4)$$
$$= \dfrac{15}{16} - \dfrac{3}{4}$$
$$= \dfrac{3}{16}$$

**답** ②

## 13-3

연속확률변수 $X$의 그래프는 다음과 같다.

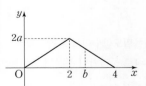

$0 \leq X \leq 4$에서 확률밀도함수의 그래프와 $x$축으로 둘러싸인 부분의 넓이는 1이므로

$$P(0 \leq X \leq 4) = \frac{1}{2} \times 4 \times 2a$$
$$= 4a = 1$$

따라서 $a = \frac{1}{4}$

이때

$$f(x) = \begin{cases} \dfrac{1}{4}x & (0 \leq x \leq 2) \\ 1 - \dfrac{1}{4}x & (2 \leq x \leq 4) \end{cases}$$

이고 $P(0 \leq X \leq b) = \frac{7}{8}$ 이므로

$$P(b \leq X \leq 4) = 1 - \frac{7}{8} = \frac{1}{8}$$

또,

$$P(b \leq X \leq 4) = \frac{1}{2} \times (4 - b) \times f(b)$$
$$= \frac{1}{2}(4 - b)\left(1 - \frac{1}{4}b\right)$$
$$= \frac{1}{8}(4 - b)^2$$
$$= \frac{1}{8}$$

이므로 정리하면

$$(b - 3)(b - 5) = 0$$

이때 $2 \leq b \leq 4$ 이므로 $b = 3$

따라서

$$a + b = \frac{1}{4} + 3 = \frac{13}{4}$$

답 ②

## 13-4

함수 $y = f(x)$의 그래프는 그림과 같다.

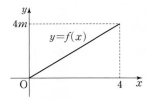

함수 $f(x)$가 확률밀도함수이므로 함수 $y = f(x)$의 그래프와 $x$축 및 직선 $x = 4$로 둘러싸인 부분의 넓이는 1이다.

$\frac{1}{2} \times 4 \times 4m = 1$에서 $m = \frac{1}{8}$

이므로 $f(x) = \frac{1}{8}x$

함수 $g(t) = P(0 \leq X \leq t)$는 두 직선 $y = \frac{1}{8}x$, $x = t$와 $x$축으로 둘러싸인 부분의 넓이이므로

$$g(t) = \frac{1}{2} \times t \times \frac{1}{8}t = \frac{1}{16}t^2$$

$f(k) = g(k)$에서

$$\frac{1}{8}k = \frac{1}{16}k^2$$

$k \neq 0$이므로 $k = 2$

따라서

$$P(2 \leq X \leq 3) = P(0 \leq X \leq 3) - P(0 \leq X \leq 2)$$
$$= g(3) - g(2)$$
$$= \frac{9}{16} - \frac{1}{4}$$
$$= \frac{5}{16}$$

답 ③

조건 (가)에서 $m=10$

$V(X)=E(X^2)-\{E(X)\}^2$이고, 조건 (나)에서

$E(X^2)=116$이므로

$V(X)=116-10^2=16$

즉, 확률변수 $X$는 정규분포 $N(10,\,4^2)$을 따른다.

(i) 확률변수 $Y$는 정규분포 $N(15,\,3^2)$을 따르므로

$Z=\dfrac{Y-15}{3}$로 놓으면 확률변수 $Z$는 표준정규분포

$N(0,\,1)$을 따른다.

$$P(Y\le 12)=P\Big(\dfrac{Y-15}{3}\le\dfrac{12-15}{3}\Big)$$
$$=P(Z\le -1)$$

(ii) 확률변수 $X$가 정규분포 $N(10,\,4^2)$을 따르므로

$Z=\dfrac{X-10}{4}$으로 놓으면 확률변수 $Z$는 표준정규분포

$N(0,\,1)$을 따른다.

$$P(X\ge a)=P\Big(\dfrac{X-10}{4}\ge\dfrac{a-10}{4}\Big)$$
$$=P\Big(Z\ge\dfrac{a-10}{4}\Big)$$

그러므로 (i), (ii)에서 $P(Z\le -1)=P\Big(Z\ge\dfrac{a-10}{4}\Big)$이어야

하므로

$\dfrac{a-10}{4}=1$

$a-10=4$

따라서 $a=14$

**답** ④

| 14-1 | ③ | 14-2 | ② | 14-3 | ② | 14-4 | ③ |
|------|---|------|---|------|---|------|---|

## 14-1

확률변수 $X$가 정규분포 $N(60,\,10^2)$을 따르므로

$Z=\dfrac{X-60}{10}$으로 놓으면 확률변수 $Z$는 표준정규분포

$N(0,\,1)$을 따른다.

따라서

$$P((X-60)^2\ge 100)$$
$$=P(|X-60|\ge 10)$$
$$=1-P(|X-60|\le 10)$$
$$=1-P(50\le X\le 70)$$
$$=1-P\Big(\dfrac{50-60}{10}\le\dfrac{X-60}{10}\le\dfrac{70-60}{10}\Big)$$
$$=1-P(-1\le Z\le 1)$$
$$=1-2P(0\le Z\le 1)$$
$$=1-2\times 0.3413$$
$$=1-0.6826$$
$$=0.3174$$

**답** ③

## 14-2

이 고등학교 학생의 시력을 확률변수 $X$라 하면 $X$는 정규분포

$N(0.7,\,0.2^2)$을 따른다.

$Z=\dfrac{X-0.7}{0.2}$로 놓으면 확률변수 $Z$는 표준정규분포 $N(0,\,1)$

을 따른다.

따라서

$$P(0.6\le X\le 0.9)=P\Big(\dfrac{0.6-0.7}{0.2}\le\dfrac{X-0.7}{0.2}\le\dfrac{0.9-0.7}{0.2}\Big)$$
$$=P(-0.5\le Z\le 1)$$
$$=P(0\le Z\le 0.5)+P(0\le Z\le 1)$$
$$=0.1915+0.3413$$
$$=0.5328$$

**답** ②

## 14-3

과목 A의 시험 성적을 확률변수 $X$라 하면 확률변수 $X$는 정규

분포 $N(m,\,\sigma^2)$을 따른다.

$Z=\dfrac{X-m}{\sigma}$으로 놓으면 확률변수 $Z$는 표준정규분포 $N(0,\,1)$

을 따른다.

과목 A에서 B학점을 받을 확률은

$$P(m+0.5\sigma\le X<m+1.5\sigma)$$
$$=P\Big(\dfrac{(m+0.5\sigma)-m}{\sigma}\le\dfrac{X-m}{\sigma}<\dfrac{(m+1.5\sigma)-m}{\sigma}\Big)$$
$$=P(0.5\le Z<1.5)$$
$$=P(0.5\le Z\le 1.5)$$

$$=P(0 \le Z \le 1.5) - P(0 \le Z \le 0.5)$$
$$=0.4332 - 0.1915$$
$$=0.2417$$

따라서 과목 A에서 B학점을 받는 수강생은

$200 \times 0.2417 = 48.34$(명)

즉, 약 48명이다.

답 ②

## 14-4

자동차 배터리의 무게를 확률변수 $X$라 하면 $X$는 정규분포 $N(20, 1^2)$을 따른다.

$Z = \dfrac{X-20}{1}$으로 놓으면 확률변수 $Z$는 표준정규분포 $N(0, 1)$을 따른다.

자동차 배터리가 폐기 처분될 확률은

$$P(X \le 18.5) + P(X \ge 22)$$
$$= P\left(\frac{X-20}{1} \le \frac{18.5-20}{1}\right) + P\left(\frac{X-20}{1} \ge \frac{22-20}{1}\right)$$
$$= P(Z \le -1.5) + P(Z \ge 2)$$
$$= 1 - P(-1.5 \le Z \le 2)$$
$$= 1 - (0.43 + 0.48)$$
$$= 0.09$$

따라서 2000개의 자동차 배터리 중 폐기 처분되는 배터리의 개수는

$2000 \times 0.09 = 180$

답 ③

## 15 표본평균의 분포

수능 유형 체크                    본문 63쪽

도서관 이용 시간을 확률변수 $X$라 하면 $X$는 정규분포 $N(80, 12^2)$을 따른다.

크기가 36인 표본의 평균을 $\overline{X}$라 하면

$$E(\overline{X}) = 80, \quad \sigma(\overline{X}) = \frac{12}{\sqrt{36}} = 2$$

이므로 확률변수 $\overline{X}$는 정규분포 $N(80, 2^2)$을 따른다.

$Z = \dfrac{\overline{X}-80}{2}$으로 놓으면 확률변수 $Z$는 표준정규분포 $N(0, 1)$을 따른다.

따라서 도서관 이용 시간의 평균이 85분 이하일 확률은

$$P(\overline{X} \le 85) = P\left(\frac{\overline{X}-80}{2} \le \frac{85-80}{2}\right)$$
$$= P(Z \le 2.5)$$
$$= 0.5 + P(0 \le Z \le 2.5)$$
$$= 0.5 + 0.4938$$
$$= 0.9938$$

답 ⑤

수능의 감을 쑥쑥 키워주는 수능 유제          본문 64~65쪽

| 15-1 | ② | 15-2 | ① | 15-3 | ③ | 15-4 | ⑤ |
|------|---|------|---|------|---|------|---|

## 15-1

주머니 속에서 한 개의 공을 임의추출할 때, 공에 적힌 숫자를 확률변수 $X$라 하면 $X$의 확률분포를 표로 나타내면 다음과 같다.

| $X$ | 1 | 2 | 3 | 4 | 합계 |
|-----|---|---|---|---|------|
| $P(X=x)$ | $\dfrac{1}{4}$ | $\dfrac{1}{4}$ | $\dfrac{1}{4}$ | $\dfrac{1}{4}$ | 1 |

$$E(X) = 1 \times \frac{1}{4} + 2 \times \frac{1}{4} + 3 \times \frac{1}{4} + 4 \times \frac{1}{4} = \frac{5}{2}$$
$$V(X) = 1^2 \times \frac{1}{4} + 2^2 \times \frac{1}{4} + 3^2 \times \frac{1}{4} + 4^2 \times \frac{1}{4} - \left(\frac{5}{2}\right)^2$$
$$= \frac{5}{4}$$

따라서 표본의 크기가 2인 표본의 평균 $\overline{X}$에 대하여

$$V(\overline{X}) = \frac{V(X)}{2} = \frac{5}{4} \times \frac{1}{2} = \frac{5}{8}$$

답 ②

## 15-2

음료수의 용량을 확률변수 $X$라 하면 $X$는 정규분포 $N(350, 4^2)$을 따른다.

임의추출한 100개의 음료수의 표본평균을 $\overline{X}$라 하면

$E(\overline{X}) = 350$, $V(\overline{X}) = \dfrac{4^2}{100} = \left(\dfrac{2}{5}\right)^2$

이므로 $\overline{X}$는 정규분포 $N\left(350, \left(\dfrac{2}{5}\right)^2\right)$을 따른다.

$Z = \dfrac{\overline{X}-350}{\dfrac{2}{5}}$으로 놓으면

확률변수 $Z$는 표준정규분포 $N(0, 1)$을 따른다.

따라서 구하는 확률은

$$P(\overline{X} \geq 351) = P\left(\dfrac{\overline{X}-350}{\dfrac{2}{5}} \geq \dfrac{351-350}{\dfrac{2}{5}}\right)$$

$$= P(Z \geq 2.5)$$

$$= 0.5 - P(0 \leq Z \leq 2.5)$$

$$= 0.5 - 0.4938$$

$$= 0.0062$$

**답 ①**

## 15-3

사과 1개의 무게를 확률변수 $X$라 하면 $X$는 정규분포 $N(300, 8^2)$을 따른다.

임의추출한 $n$개의 사과의 무게의 표본평균을 $\overline{X}$라 하면

$E(\overline{X}) = 300$, $V(\overline{X}) = \dfrac{8^2}{n} = \left(\dfrac{8}{\sqrt{n}}\right)^2$

이므로 $\overline{X}$는 정규분포 $N\left(300, \left(\dfrac{8}{\sqrt{n}}\right)^2\right)$을 따른다.

$Z = \dfrac{\overline{X}-300}{\dfrac{8}{\sqrt{n}}}$으로 놓으면

확률변수 $Z$는 표준정규분포 $N(0, 1)$을 따른다.

$$P(\overline{X} \leq 302) = P\left(\dfrac{\overline{X}-300}{\dfrac{8}{\sqrt{n}}} \leq \dfrac{302-300}{\dfrac{8}{\sqrt{n}}}\right)$$

$$= P\left(Z \leq \dfrac{\sqrt{n}}{4}\right)$$

$$= 0.5 + P\left(0 \leq Z \leq \dfrac{\sqrt{n}}{4}\right)$$

$$\geq 0.9772$$

$P\left(0 \leq Z \leq \dfrac{\sqrt{n}}{4}\right) \geq 0.4772$에서

$\dfrac{\sqrt{n}}{4} \geq 2$

$\sqrt{n} \geq 8$

따라서 $n \geq 64$이므로 $n$의 최솟값은 64이다.

**답 ③**

## 15-4

모집단의 확률변수 $X$가 정규분포 $N(m, \sigma^2)$을 따르므로 크기가 16인 표본의 평균 $\overline{X}$는 정규분포 $N\left(m, \dfrac{\sigma^2}{16}\right)$을 따른다.

$V(X) = E(X^2) - \{E(X)\}^2$에서

$\sigma^2 = E(X^2) - m^2$

즉, $E(X^2) = m^2 + \sigma^2$

$V(\overline{X}) = E(\overline{X}^2) - \{E(\overline{X})\}^2$에서

$\dfrac{\sigma^2}{16} = E(\overline{X}^2) - m^2$

즉, $E(\overline{X}^2) = m^2 + \dfrac{\sigma^2}{16}$

$4E(\overline{X}^2) = E(X^2)$이므로

$4\left(m^2 + \dfrac{\sigma^2}{16}\right) = m^2 + \sigma^2$

$3m^2 = \dfrac{3}{4}\sigma^2$

$\sigma^2 = 4m^2$

이때 $m > 0$이므로 $\sigma = 2m$

따라서

$$P(\overline{X} \leq \sigma) = P\left(Z \leq \dfrac{\sigma - m}{\dfrac{\sigma}{4}}\right)$$

$$= P\left(Z \leq \dfrac{2m - m}{\dfrac{2m}{4}}\right)$$

$$= P(Z \leq 2)$$

$$= 0.5 + P(0 \leq Z \leq 2)$$

$$= 0.5 + 0.4772$$

$$= 0.9772$$

**답 ⑤**

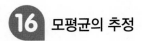

# 16 모평균의 추정

모평균을 $m$, 표본평균을 $\overline{X}$라 하면 이 공장에서 생산하는 장난감의 평균을 신뢰도 99 %로 추정할 때, 신뢰구간은

$$\overline{X}-2.58\times\frac{4}{\sqrt{n}}\leq m\leq\overline{X}+2.58\times\frac{4}{\sqrt{n}}$$

이때

$$|m-\overline{X}|\leq 2.58\times\frac{4}{\sqrt{n}}$$

이고 모평균과 표본평균의 차가 1 g 이하이어야 하므로

$$2.58\times\frac{4}{\sqrt{n}}\leq 1$$

$$\sqrt{n}\geq 10.32$$

$$n\geq 106.5\cdots$$

따라서 표본의 크기는 107 이상이어야 하므로 $n$의 최솟값은 107이다.

답 ④

| 16-1 | ② | 16-2 | ② | 16-3 | 225 | 16-4 | 144 |
|------|---|------|---|------|-----|------|-----|

## 16-1

신뢰도 95 %로 모평균 $m$을 추정하면

$$\overline{X}-1.96\times\frac{6}{\sqrt{n}}\leq m\leq\overline{X}+1.96\times\frac{6}{\sqrt{n}}$$

이므로

$$b-a=2\times 1.96\times\frac{6}{\sqrt{n}}\leq 2$$

$$\sqrt{n}\geq 11.76$$

$$n\geq 138.2\cdots$$

따라서 표본의 크기는 139 이상이어야 하므로 $n$의 최솟값은 139이다.

답 ②

## 16-2

표본 100개의 표본평균의 값이 $\overline{x}=40$, 표본표준편차의 값이 $s=3$이므로 이 제약회사에서 생산되는 약품 전체의 효과의 지속시간의 평균 $m$에 대한 신뢰도 95 %의 신뢰구간은

$$40-1.96\times\frac{3}{\sqrt{100}}\leq m\leq 40+1.96\times\frac{3}{\sqrt{100}}$$

$$40-0.588\leq m\leq 40+0.588$$

따라서 $39.412\leq m\leq 40.588$

답 ②

## 16-3

표본평균이 8.5, 모표준편차가 2이므로 크기가 $n$인 표본으로 모평균 $m$을 신뢰도 99 %로 추정하면

$$8.5-2.58\times\frac{2}{\sqrt{n}}\leq m\leq 8.5+2.58\times\frac{2}{\sqrt{n}}$$

이때 모평균 $m$의 신뢰구간이 $8.156\leq m\leq 8.844$이므로

$$2.58\times\frac{2}{\sqrt{n}}=0.344$$

$$\sqrt{n}=15$$

따라서 $n=225$

답 225

## 16-4

크기 $n$인 표본을 임의추출하였을 때 표본평균을 $\overline{X}$라 하면 모표준편차가 $\sigma=20$이므로 모평균 $m$에 대한 신뢰도 99 %의 신뢰구간은

$$\overline{X}-3\times\frac{20}{\sqrt{n}}\leq m\leq\overline{X}+3\times\frac{20}{\sqrt{n}}$$

이때 $b-a=2\times 3\times\frac{20}{\sqrt{n}}=\frac{120}{\sqrt{n}}$

$b-a\leq 10$이 되려면

$$\frac{120}{\sqrt{n}}\leq 10$$

$$\sqrt{n}\geq 12$$

$$n\geq 144$$

따라서 구하는 자연수 $n$의 최솟값은 144이다.

답 144

# 수능 기초부터
완벽하게 다지기 위한

# 수능특강
# Light

수능특강 Light 3책 | 국어, 영어 독해, 영어 듣기

· 수능특강과 동일한 영역/스타일로 구성
· 쉬운 기초 문제부터 실전 수준의 문제까지
· 다양한 주제와 소재로 수능 완벽 대응

# 수능을 준비한다면 꼭 봐야 할 책입니다.

# EBS

## 수능 감[感] 잡기

### 수학영역
### 확률과 통계

정답과
풀이

# 수많은 수능 고민 해결을 위한
## 오답률 높은
### 대표 함정 7개 유형 철저 분석!

## 수능의 7대 함정 (9책)

국어, 영어, 수학 가형, 수학 나형
생활과 윤리, 사회·문화, 화학 I, 생명과학 I, 지구과학 I